Ilona und Peter Traub

MAGISCHE ORTE IN MITTELDEUTSCHLAND III

Zwischen Thüringer Schiefergebirge und Rhön, Eichsfeld und Altenburg

mitteldeutscher verlag

Inhaltsübersicht

SACHSEN
THÜRINGEN
BAYERN
Unstrut
Naumburg
Sömmerda
Bad Langensalza
Weimar
Apolda
Gotha
Erfurt
Jena
Bad Berka
Seitenroda
Kahla
Stadtilm
Rudolstadt
Naturpark
Paulinzella
Saale
Zella-Mehlis
Ilmenau
Saalfeld
Plothener Teiche
Talsperre Hohenwarte
Plothen
Suhl
Vessertal
850
Adlersberg
Vesser
Thüringer
Wald
Burgk
Probstzella
Bleilochtalsperre
Breitenbach
Schleusingen
Neuhaus am Rennweg
Schiefergebirge
Lehesten
Ebersdorf
Saaldorf
Hildburghausen
Sonneberg
Coburg
Kronach
Lichtenfels
Main
Kulmbach
10 km
B249
B84
B86
B4
B176
B180
B85
B87
B88
A71
B7
A4
B90
B281
A9
B94
B89
B2
A73
B173
A70

Route 1

Plothen, Burgk, Saaldorf, Ebersdorf, Lehesten, Saalfeld, Seitenroda, Paulinzella, Breitenbach, Vesser

Plothener Teiche (N 50° 38' 48.0" E 11° 46' 37.8")

Hüllt Nebel die Landschaft bei Plothen ein, scheinen an den bloß erahnbaren Teichen Fabelwesen umherzugehen; leuchtend weiße, fast kindshohe Gestalten, die im milchigen Dunst das Schilfdickicht abschreiten und ein leises „rha, rha“ erklingen lassen. Mal verharren die hellen Geschöpfe reglos und wie in Gedanken versunken. Dann vollführen sie plötzlich zwei, drei Sprünge und rufen erregt. Jedem Versuch, sich ihnen zu nähern, weichen sie aus.

Es sind Silberreiher, die seit einigen Jahren hier für die Weiterreise Kraft sammeln. Noch im 20. Jahrhundert wegen der langen Schulterfedern des Prachtkleides gejagt, fiel ihre Art beinahe dem Bedarf der Hutmodenindustrie zum Opfer. Nun rasten die scheuen, eleganten Vögel mit Schwarzstorch, Kranich, Goldregenpfeifer und Wachtelkönig in dem geschützten Fauna-Flora-Habitat. Es liegt auf einer muldenreichen Hochfläche des Thüringer Schiefergebirges, zwischen den Ortschaften Dreba und Plothen und umfasst über 1000 Hektar. Etwa sechshundert Stillgewässer gehören zu dem Gebiet. Ab August bilden Stare dort eine riesige Rastgemeinschaft, proben atemberaubende Schwarmmanöver und ziehen im Oktober weiter gen Süden. Die aufsehenerregende Wiederkehr der Flugakrobaten rühmen die Einheimischen augenzwinkernd als „Starenwunder“.

Den Lange Faste genannten, jeweils vierzig Tage dauernden Bußzeiten vor dem Weihnachts- und Osterfest verdankte der Landstrich einst seine Kultivierung. Bereits im 11. Jahrhundert begannen Benediktinermönche, die ersten Fischzuchtbecken einzurichten. Der zu einer lehmigen Tonschicht verwitterte Untergrund aus Grauwacke und Tonschiefer begünstigte das Vorhaben. Und bald verband ein Netz von

Am Neuen Teich bei Plothen

Dammweg

Gräben das rasch wachsende Wasserhaltungs- und Teichwirtschaftssystem.

Damals erlaubten die strengen Fastenregeln den Gläubigen nur eine Mahlzeit am Tag. Fleisch, Milcherzeugnisse und Eier waren aber untersagt. Darum erlangte Fisch während der Vorbereitung auf den Heiligen Abend sowie auf die Feier des Ostergeheimnisses große Beliebtheit. Papst Innozenz VIII. gestattete 1486 zwar den Verzehr von Milchprodukten in der Fastenzeit, doch bis dahin fanden die Menschen lediglich gegen Zahlung des „Butterpfennigs“ Vergebung, falls sie die gebotene Abstinenz einmal aufgeben mussten.

Schwindet der Nebel unter der wärmenden Sonne, schultern Wanderfreunde die Rucksäcke und erkunden das waldige Land der „Himmelsteiche“. Die Gewässer werden so genannt, weil hauptsächlich Regen oder Schnee sie speisen. Viele wählen die grüne Route, den 7,8 Kilometer langen Pfad von der Plothener Informationsstelle Naturschutz

Pfahlhaus am Hausteich

Am Starenteich

und Umwelt um den Fürsten-, Großen Ruß-, Dörringen- und Starenteich. Schweift der Blick bei ihrer Rückkehr über den Hausteich, gewinnt ein altes Pfahlhaus am Dammweg das Interesse. Es ruht auf 54 Holzstämmen über der silbrig schimmernden Wasseroberfläche und spendet dem Revier von Kammmolch, Kleinem Schillerfalter und Blauflügel-Prachtlibelle Schatten. Bekannt ist, dass das Gebäude im 17. Jahrhundert entstand und als Jagdunterkunft diente. Später wurde es als Ausflugsgaststätte und Lager der ortsansässigen Fischerei genutzt. Jetzt gewährt das Pfahlhaus seinen Gästen Einblicke in die Geschichte der Teichwirtschaft und des Fischereiwesens.

Obere Saale und Schloss Burgk (N 50° 33' 16.2" E 11° 43' 01.2")

In den Schleifen der Oberen Saale umspielen die Wellen der oft mit einem Meer verglichenen Stauseen gern besuchte Badeplätze, vom Licht verwöhnte Waldsäume und Uferfelsen. Wind zupft an den Wanten vertäut liegender Segelboote und bringt sie zum Klingen. Ein Ausflugs-

Saale-Talsperre Burgkhammer und Schloss Burgk

Pavillon Sophienlust und Park

dampfer gleitet in der Ferne vorüber und hinterlässt eine glitzernde Gischtspur. Möwen rufen laut. Und selbstbewusst spiegeln die gewaltigen Anlagen der Saalekaskade sich im saphirblauen und unergründlich wirkenden Wasser. Von 1926 bis 1945 erbaut, bieten die fünf Staustufen den Menschen Schutz vor den Fluten.

Dennoch blieb die Welt der Nixen im Tal unvergessen, das offenbaren Gespräche am Burgker Saaleturm. Von seiner 36 Meter hohen Plattform überschauen Gäste den Fluss und denken an jene feenhaften Wesen, die Kindern so leicht das Schwimmen lehren, als geschähe es im Schlaf. Die Nixe Sala gab gar den eigenen Namen, um von diesem herrlichen Wasserlauf erzählen zu können.

Im fränkischen Fichtelgebirge, 707 Meter über NN, entspringt die Saale, eilt durch Thüringen und Sachsen-Anhalt, bis sie nach 413 Kilometern bei der Stadt Barby in die Elbe mündet. Einwohner der flussnahen Siedlungen, Schiffs- und Fährleute brachten am Johannistag heimlich Gaben dar, hoffend, die dadurch milde gestimmten Wasserwesen würden den Überflutungen im Frühjahr und Herbst Einhalt gebieten.

◂ Roter Turm und Wehrgang

Unerreichbar für solch zauberisches Zutun war seit jeher der auf einer Anhöhe errichtete Ort Burgk. Das gleichnamige Schloss ist vom hölzernen Saaleturm einen halben Kilometer entfernt und zeigt sich den Anreisenden schon von Weitem. Es entstand aus einer mittelalterlichen Burg der Herren von Gera. Die hohe Schildmauer zwischen zwei Wallgräben, den Roten Turm, das Torhaus und ihre Eckbastion erhielt der Wohn- und Wehrbau im 16. Jahrhundert.
Nachdem er 1596 der älteren Linie Reuß zugefallen war, erweiterte man ihn zur herrschaftlichen Residenz. Hundert Jahre später nur noch für Sommer- und Jagdaufenthalte genutzt, ließen ihn die Besitzer mit monumentalen Wandgemälden, wertvollen Gobelins, Seidentapeten und Kristallleuchtern ausstatten. Ein Kleinod ist die von Gottfried Silbermann geschaffene, 1743 geweihte Orgel der Kapelle. Und nicht weniger Interesse finden die Sammlungen von Exlibris und Künstlerbüchern im Schlossmuseum.
Die meisten Besucher führt der vom gepflasterten Vorhof abzweigende Weg zum Sophienberg. Seine Kuppe wurde abgetragen für den spät-

Tor- und Backhaus

barocken achteckigen Garten- und Musikpavillon „Sophienlust“ sowie einen Park in französischer Manier. Knorrige Eichen, Kastanien und Buchen fassen das kunstvoll gestaltete Terrain ein. Und an den steilen Seitenhängen ziehen die Ausblicke ins tief eingeschnittene Flusstal viele der Spaziergänger in ihren Bann.

Saalwald und Heinrichstein (N 50° 27' 08.7" E 11° 41' 49.7")

Ein kräftiger Wind wiegt die Kronen des Saalwaldes. Das Blattwerk rauscht und tanzt wirbelnd davon. Es gibt einen ersten Eindruck vom Treiben der Wilden Jagd an raueren Tagen und der Bedrängnis mit Rinde und Moos bekleideter Holzweibel, die vor diesen grimmigen Verfolgern flüchten. Hilfsbereite Waldarbeiter kerben drei Kreuze in das frisch geschlagene Holz und retten den Mütterchen das Leben. Denn nur an solchen Plätzen können sie unbeschadet verweilen. Harzig duf-

Aussicht vom Marienstein

Auf dem Weg zum Heinrichstein

Herbstwald an der Oberen Saale

Aussicht vom Heinrichstein

tende Späne geben sie als Lohn. Wer ihr Geschenk nicht achtlos abschüttelt, hat bald darauf Geld in den Taschen. So geht es seit Jahrhunderten, berichten Sagen.

Geschwind hält der Herbst Einzug am Saaleoberlauf und gleicht einem von seiner Kunst berauschten Goldschmied. Mit beiden Händen streut er seinen Laubschmuck aus. Dringen die ersten Nachtfröste zu den Ufern der Stauseen, verwandeln sie die Gegend. Das Grün des Waldes weicht leuchtendem Orange und Rot. Dunkel akzentuieren Nadelgehölze den frohen Farbenrausch. Bei Saaldorf, an der Bundesstraße 90 Richtung Bad Lobenstein, empfiehlt sich am Ortseingang rechts der Parkplatz für einen Halt und den Besuch dieses Schauspiels.

Sind die Wanderschuhe geschnürt, geht es hinab zum Ziezelbach. Dem ausgeschilderten Pfad folgend, durchquert man kräuterreiche Hangwiesen und betritt den ehemaligen Tiergarten. In dem 300 Hektar großen Gehege graste einstmals Rotwild. Das Ziel der anderthalb Kilometer langen Wanderung ist nun nicht mehr weit, der Marienstein, wo vom talwärts geöffneten Fenster der Schutzhütte das farbenprächtige Panorama einer Saaleschleife betrachtet werden kann. Jener kanzelartige Vorsprung, unweit des internationalen Wanderweges der Freundschaft, hat auf dem gegenüberliegenden Ufer der Bleilochtalsperre ein Pendant von ähnlichem Reiz.

Gemeint ist der Heinrichstein, der ab Ebersdorf gut zu erreichen ist, will man die Küste der Saalehänge nicht abwandern. Drei Kilometer hinter dem Ort führt vom Kamm ein Steig zu diesem 100 Meter über dem Stausee gelegenen Landschaftspunkt, wo die Besucher aus der Vogelperspektive auf das Gewässer blicken. Totholz oder Wurzelhöhlen nutzt die Wildkatze in dem Gebiet tagsüber als Schlafplatz. Das scheue Tier durchstreift nachts das Revier, Mäuse, Eidechsen, Vögel und Frösche jagend. Oder es lauscht, ob ein Luchs naht, dessen leichtfüßiger Gang hier nicht selten vom schaurigen Ruf des Uhus übertönt wird.

Schieferpark Lehesten (N 50° 27' 39.7" E 11° 25' 51.9")

Im Thüringisch-Fränkischen Schiefergebirge tragen viele Häuser bläulich-graue Kleider. Bis zum Erdboden eingeschalte Fachwerkbauten zieren Blumen und Bänder aus Tonschiefer. Sogar an Vogelhäusern und Briefkästen glänzt matt das in Jahrmillionen entstandene Sedimentgestein.

Neugierig und zugleich belustigt schauen Museumsbesucher im Mannschaftshaus des Staatsbruches Lehesten auf ausgestellte Schiefertafeln und -griffel. Sie sinnen über die Schreibtechnik der Schüler vor etwa 80 Jahren nach oder fahren mit der Handfläche über eine für Färber hergestellte Tischplatte, deren Alter auf 500 Jahre geschätzt wird.

Zwanzig Meter mächtig war die schon im 14. Jahrhundert abgebaute Schieferschicht von Lehesten. Bis 1999 wurde der wertvolle Dach- und Wandschiefer gebrochen. Nach dem Bergbauende eroberte Wasser das Areal. Vor allem an den Wochenenden kommen seither die Menschen,

Schiefersee von Lehesten ▶

Waldweg am Schiefersee

um am Schiefersee entlang zu spazieren. Sein ungewöhnliches Blau zieht die Besucher an. Der See erreicht eine Tiefe von 45 Metern.
Abgestorbene Baumstämme ragen aus dem Wasser. An seichten Stellen zeichnen Wellen farbige Bänder auf die Steine. Eine kleine Insel wirkt wie ein Boot, das junge Bäume über den See fährt. Rostrote, safrangelbe und blassgrüne Flechten besiedeln die Schieferplatten. Vom Tagebaurand blickt man – wie von einem Traumbild überrascht – in ein uriges Waldstück mit moosgepolstertem Boden und einer Schwemme lilafarbener Erika.

Vom Bergbau erzählt noch die vor Unwetter schützende Holzverkleidung des 70 Meter abgeteuften Göpelschachtes. Pferde bewegten einst jene Göpel genannte Oberseilhaspel, mit der gewonnener Schiefer nach oben transportiert, auf Hunte verladen und zu den Spalthütten gebracht wurde. Zwischen dem Schiefergeröll sprießen filigrane Farne. Die kelchartigen Blätter des Frauenmantels sammeln Tau und Regen. Und wenn ein intensiver Geruch von Vanille die Aufmerksamkeit erregt, ist die Dunkelrote Stendelwurz, eine geschützte Orchideenart, in der Nähe.

Kleine Schieferhalde

Mit Ehrfurcht betrachtet man die etwa 40 Meter hohe, von Hand mit Schlägel und Eisen geschaffene Tagebaurückwand. Sie beherbergt in ihren Ritzen und Löchern seltene Tiere. Die keine zehn Gramm schwere Große Bartfledermaus, die durch ein goldglänzendes Fell auffällt, frisst mit Vorliebe Schnaken, die sie im Dämmer fängt. Und der Uhu nimmt gern ein Sonnenbad am Felsen und verharrt mit zu Schlitzen geschlossenen Augen und steil aufgerichteten Federohren.
Vor dem Eingang zu Schacht 2 hat sich in der Schieferwelt eine Birke angesiedelt und steht da, als wollte sie sagen: Hier bin jetzt ich, hier geht es nicht mehr weiter.

Saalfelder Feengrotten (N 50° 38' 07.7" E 11° 20' 31.7")

Im Süden der Stadt Saalfeld öffnen die Feengrotten ihre Türen zur Unterwelt. Mit Umhängen und Helmen ausgestattet, steigen Besucher durch den Berg und erschauern unter den feinen Tröpfchen des Sicker-

Ausblühungen in den Saalfelder Feengrotten

wassers. Mineral- und Schwermetallanteile geben dem Gestein seine vielen Farbnuancen. Weiß-, Rot- und Violetttöne lassen das Vorkommen von Eisen ahnen. Kupfrige Einsprengsel leuchten zwischen Grün und Türkisblau. Vanadium erzeugt teils zitronenfarbene Flächen. Und Mangan schenkt dem Aufblitzen aller übrigen Verbindungen ein erdschwarzes Passepartout.

Das saure Milieu der vorherrschenden Alaun- und Kieselschieferhorizonte ist eine Besonderheit der Höhlen. Nur vereinzelt sieht man Sinterflächen oder kleine Figurinen aus Aragonit und Calcit auf dem Ockerkalk der Wände. Die meisten Tropfsteine schuf das gelbe, eher weiche Diadochit – auch Bergbutter genannt. Innerhalb der letzten 300 Jahre formte die röntgenamorphe Substanz jene gestaltreiche Welt. Der größte Stalaktit misst etwa zwei Meter. Wäre er im Karbonatkarst gebildet worden, hätte seine Entstehung bis zu 15 000 Jahre gedauert, vermuten Ortskundige.

Märchendom

Quellgrotten

Die Absicht, mineralhaltiges Wasser der Alaunschieferabbaustätte „Jeremias Glück" für ein Heilbad zu nutzen, führte ab 1910 zur Wiederentdeckung der ehemaligen Grubenräume. Vom 16. bis ins 19. Jahrhundert wurde hier für die Gerberei benötigtes Alaun sowie zum Schwärzen der Tierhäute verwendetes Vitriol, früher als Schusterschwärze oder Kupferblume bezeichnet, gewonnen. Geldmangel ließ das Heilbad-Projekt letztlich scheitern. Für den Berliner Bankkaufmann Adolf Mützelburg war dies eine Chance. Der Bewunderer der Grotten eröffnete am 31. Mai 1914 das Schaubergwerk.

Drei Etagen beziehungsweise Sohlen besitzt die Anlage und führt 120 Stufen in die Tiefe. Die Erkundungstour dauert 60 Minuten. Ganzjährig steigt die Temperatur nicht über acht bis zehn Grad Celsius, deshalb werden warme Kleidung und festes Schuhwerk empfohlen. Während des 550 Meter langen Rundwegs zeigt der Lampenschein das Emanatorium, die Quellgrotten und den Märchendom samt Gralsburg. Meist ist Wasser gegenwärtig, füllt flache Becken und verleiht den bizarren Gewölben ihre unvergleichlichen Spiegelungen. Wenige Bühnenbilder der oberirdischen Sphäre weisen derartige Raffinesse auf. Selbst vor dem Grottenausgang verblüfft noch die versinterte Wurzel eines mächtigen Eichenbaums, an der durch Tageslicht funkelndes Wasser herabströmt.

Leuchtenburg (N 50° 48' 09.7" E 11° 36' 49.5")

Wenige weiße Wolken spiegelt die Saale in der wegen ihrer Porzellanmanufaktur international bekannten Stadt Kahla. An den Hängen des von Linden, Ahorn, Kiefern und Kastanien bestandenen Burgbergs weiden Ziegen und die Obstbäume tragen süße Früchte. Wein vom Südhang reift in den Kellerräumen der Leuchtenburg, die 400 Meter über NN auf dem Plateau des Kalksteinfelsens ruht.

Wann genau die Burg errichtet wurde, bleibt im Bereich der Vermutung. Eine Urkunde von 1221 weist den Grafen Hartmann IV. von Lobdeburg als Burgherren aus. Das Anwesen wurde 1333 an den Grafen von Schwarzburg verkauft. Im Ausgang des 14. Jahrhunderts nahmen die Wettiner die Burg ein und herrschten bis 1705 auf dem Lichtenberg durch den sie vertretenden Amtsmann.

Milde stimmt der Talanblick durch das große Glasfenster im Eingangsbereich der Porzellanlounge. Man taucht in die Weite der sanfthügeligen Landschaft ein. Im Inneren der Burg warten viele Überraschungen auf Entdecker, sodass es kein Fehler sein kann, sich vor dem Inspizieren der Gesamtanlage in der Burgschänke zu stärken, und sei es durch eine „Kerkersuppe".

Ein „Tischlein deck dich" steht in den Ausstellungsräumen. Wie von Zauberhand wird die einem barocken Vorbild nachempfundene Tafel gedeckt. Teller, Schüsseln und Terrinen sind mit Flusskrebsen, knusprigem Braten, Spargel und anderen Köstlichkeiten gefüllt. Eine Schildkröte läuft über den Tisch. Die Hand möchte schon die Weintrauben ergreifen, doch mit einem Mal verschwindet alles, um nach einigen Sekunden wiederzukehren.

In sogenannten Wunderkammern geschehen seltsame Dinge. Es bewegen sich Figuren und Boote auf Bildern, eine Flöte schwingt an der

Leuchtenburg

Wand hin und her, als wünschte sie, gespielt zu werden. Nie gesehene Lebewesen wie der Tüllensittich oder das Einhorn begegnen dem Gast in einer Welt, die wie eine Unterwasserlandschaft oder ein Dschungel anmutet. Im Zwielicht eines Alchemistenkabinetts lagern die verschiedensten Ingredienzen, um der „Königlichen Kunst", wie die Alchemie einst genannt wurde, nachzugehen oder auch nur im Geiste die Goldherstellung zu versuchen und durch Zufall das Porzellan zu finden.
Zauberspruch und Engelshaar – Flusspferdnagel, Birkenrinde. Eier, Federn, etwas Kreide. Im Licht des Vollmonds gut verrührt. Deutlich wird: Es war ein abenteuerlicher Weg bis zur Erfindung des europäischen Porzellans 1708 im sächsischen Meißen, dessen unter Todesandrohung zunächst geheim gehaltene Formel im 19. Jahrhundert endlich Kahla erreichte.
In der Burgkapelle erfährt die Würdigung des zerbrechlichen Werkstoffs eine unerwartete Dimension: Cremeweiße, von der Decke bis zum Boden reichende und an lange Vorhänge erinnernde porzellan-

Aussicht von der Leuchtenburg ▶

Steg der Wünsche

beschichtete Lamellen, deren Rückseiten verspiegelt sind, gliedern den sakralen Raum. Erst im Jahr 2016 wurde die von dem amerikanischen Architekten Michael J. Brown entworfene Porzellankirche geweiht, deren Altar und Sitzbänke aus Eichenholz ganz selbstverständlich ohne Schmuckdetails auskommen.

Wer nach all dem Geschauten noch einen Wunsch frei haben sollte, übe sich in sogenannter Schwarzmalerei. Er male oder schreibe das Ersehnte mit einer im Tageslicht unsichtbaren Tinte auf einen Teller und werfe ihn vom 20 Meter in die Luft hineinragenden „Steg der Wünsche".

Klosterruine Paulinzella (N 50° 42' 09.5" E 11° 06' 15.6")

Als die um 1067 in Sachsen geborene Adlige Paulina beschloss, dem weltlichen Leben zu entsagen, wählte sie einen Ort, der seine Abgeschiedenheit im waldigen Rottenbachtal bis heute behauptet. Die

Klosterruine Paulinzella

Tochter des Moricho genannten Truchsess' im Dienst König Heinrichs des IV. und Nichte des Merseburger Bischofs Werner von Wolkenburg gründete hier zwischen 1102 und 1105 die Benediktinerinnenabtei Marienzelle.

Schlichte Holzbauten neben einer kleinen Kapelle verwiesen auf den asketischen Lebensstil der Ordensschwestern. Allein Aschebrot und Wasser sollen Paulinas Nahrung gewesen sein. Durch eifrige Selbstgeißelungen bis aufs Blut habe sie, zweimal verwitwet und Mutter von fünf Kindern, um Buße gerungen, überlieferte der Chronist Sigeboto 18 Jahre nach ihrem Tod in der „Vita Paulinae".

Im Todesjahr der Gründerin, 1107, wurde das in Paulinzella umbenannte Kloster Teil der von Hirsau im Schwarzwald ausgehenden Reformbewegung. Was daraufhin entstand, erregt noch heute als Ruine Staunen: der durch Hirsauer Mönche geschaffene und im Jahr 1124 geweihte Sakralbau.

Sonnenlicht geht auf dem hellen Stein spazieren. In die Vorstellung früher Zeiten mischen sich Frauen- und Männerstimmen an diesem Ort. Das prosperierende Kloster, ab dem 14. Jahrhundert nur noch Mönchsdomizil, erfuhr während des Bauernkrieges Plünderungen und im Zuge der Reformation 1542 sein Ende.

Die Stille des Rottenbachtals unterstreicht die Wirkung der romanischen Architektur. Zeit scheint dehnbar und Anschluss an die Ewigkeit zu erhalten. Durch das Hauptportal im Westen schreitet man gen Osten und erblickt zwischen den Säulen auf einer Anhöhe nahe gelegene Häuser und das Grün von Baumkronen. Die dämonischen Fabelwesen und Masken der Eingangs-Kapitelle bestürmen die Fantasie. Vermutlich wurden sie geschaffen, um Unheil abzuwehren und Teufeleien auszutreiben. Ein doppelköpfiges Tier, dem die Zungen heraushängen, ein Löwenhaupt, ein Kamel oder ein geflügeltes Wesen, das als Drache oder Schlange gedeutet werden kann, galten vorzeiten als furchteinflößend.

Auffällig sind die Bänder mit Schachbrettmuster: Der Teufel habe mit Gott um die Kirche sowie einige Seelen Schach gespielt und haushoch

◄ Zwei Kaisermäntel an der Klosterruine

verloren, heißt es, wonach der Sieg des Guten über das Böse als schwarzweiße Zierde am Bauwerk gezeigt werden sollte.

Adlersberg und Vessertal (N 50° 36' 51.7" E 10° 45' 55.8")

Kaum ist der erste Schritt gewagt, schlägt im Bergwald ein Eichelhäher Alarm. Die Stämme der Fichten, Eschen und Buchen tragen wie Säulen das grüne Dach, wo er die erregten schickernden Laute formt. Keiner bleibt von ihm unbemerkt in diesem geschützten Naturraum östlich von Suhl, der den Vergleich mit einem lichtdurchfluteten Dom ins Gedächtnis ruft. Die Warnung des etwa 35 Zentimeter großen Vogels, den sein markantes, blassrot, hellblau, weiß und schwarz gezeichnetes Gefieder im Astwerk verrät, variieren munter die kleineren Nachbarn. Und bald wird ein vielstimmiger Chor daraus.

Jeder weiß, dem „Polizisten des Waldes“ gab seine Lieblingsspeise den Namen. Mit zehn Eicheln kann er den Kehlsack füllen und eine elfte im Schnabel tragen. Die Baumfrüchte vergräbt er und unterstützt, falls er sie nicht wiederfindet, den Fortbestand des Waldes. Wie alle ihm verwandten Rabenvögel hat der Eichelhäher jedoch ein phänomenales Gedächtnis.

Rasch verlässt man den Parkplatz „Wegscheide“, der zehn Gehminuten von der Vesserquelle entfernt liegt. Jener Halt an der Landstraße 1140 ist ein häufig genutzter Ausgangspunkt für die anderthalbstündige Wanderung zum Vesserbachbett und Adlersberggipfel. Obwohl er fast 850 Meter über NN erreicht, bleibt der Berg hinter den nördlich aufragenden Porphyrriesen Schneekopf und Großer Beerberg zurück. Mitsamt den Nebengipfeln bildet er ein breitgelagertes Massiv, das sich Richtung Sankt Kilian hufeisenförmig öffnet.

Die Vesser entspringt da am felsigen Hang und läuft eilig südwärts. Sie leiht der Umgebung den Namen und drängt abwärts zum Breitenbach, wo sie nach zehn Kilometern einmündet. Von Mai bis Juli blühen gelb tausende Trollblumen auf den kräuterreichen Wiesen im Tal. Die auch als „Butterkugel“ bekannte Pflanze ist schwach giftig und wird vom

Waldweg zum Adlersberggipfel

Am Wegesrand

Weidevieh gemieden. Einst soll sie bei der Behandlung von Skorbut verwendet worden sein.

Hochzeitswilligen Schmetterlingen bieten distelbestandene Flächen Flug- und Landebahnen. Kaisermantel, Admiral, Zitronenfalter und Waldteufel durchkreuzen die Luft. Wucherndes Farnkraut deckt knotige Baumwurzeln zu und Moosbärte wehen von den Zweigen. Bruchholz dient vielen Lebewesen als Wohnstatt und Nahrung. Ein Bussardpaar gleitet durch eine Schneise im Wald.

Der letzte Anstieg fordert Kraft, aber das Erlebnis der Weite belohnt. Bis zur Hohen Rhön und den Gleichbergen reicht die Sicht vom Adlersbergturm bei gutem Wetter. Nach einer Erfrischung in der daneben errichteten Baude folgt der Rückweg am Berghotel „Stutenhaus“ und unter den rauschenden Wipfeln des Teuchelsbrunnens entlang. Es geht wieder auf die „Wegscheide“ zu und an Himbeerranken, Kamillen, Margeriten sowie hüfthohen Gräsern vorbei, die sich an den Abhängen wiegen.

Bei den Zehn Teichen

Besucherbergwerk Schwarze Crux (N 50° 36' 12.6" E 10° 47' 33.8")

Vor dem Besucherbergwerk Schwarze Crux in Suhl-Vesser versammeln sich Wanderer, um den 4,6 Kilometer langen Bergbauwanderweg an den historischen Grubenfeldern zu erkunden. Von „farbigen Crockus-Lagerstätten“ gab der fürstlich-sächsische Bergdirektor Johann Matthäus Paräus 1691 ausführlichen Bericht: Roteisenerz wurde in der Roten Crux, Schwefelkies, auch bekannt als Katzen- oder Narrengold, in der Gelben Crux und Calcit in der Weißen Cruxzeche gewonnen. Aus der Blauen Crux förderte man Azurit, jenes Mineral, das als Farbpigment für leuchtend blaue Himmel in der europäischen Malerei bis zum 17. Jahrhundert Verwendung fand. Durch die Umwandlung des Azurits in Malachit aber vergrünten die Himmel auf den Bildern.

Wald verwischt allmählich die Halden und Pingen des aufgegebenen Bergbaus. Wenige Meter von der Blauen Crux entfernt speist der Rupp-

Im Besucherbergwerk Schwarze Crux

bach zehn terrassenförmig angelegte Teiche. Eine Bank unter mächtigen Nadelbäumen lädt ein, kurz innezuhalten. Da schnappt ein weit geöffnetes Fischmaul im nahen Teich ein unvorsichtiges Insekt und taucht wieder unter. Gleich darauf brodelt das Wasser für ein paar Sekunden, so viele Forellen drängen zur Oberfläche.

Nach neunzigminütiger Wanderung erneut am Eingang der Schwarzen Crux angelangt, wollen etliche Neugierige endlich in den Berg einfahren. Durch wärmende Kleidung und Helm geschützt, folgt man dem breiten Lichtstrahl der Lampe. Granat, Turmalin und Epidot wurden neben vielen anderen Mineralien in der Schwarzen Crux gefunden. Den größten Schatz aber bildete das Magnetiteisenerz, dessen Alter etwa 500 Millionen Jahre beträgt. Noch heute prüfen viele Gäste mit verjüngender Freude die seit der Kindheit an Eisenspänen oder -würfeln bewunderte Kraft der Natur: den Magnetismus. Für Hufeisen, Lanzen

oder Messer war das Erz der Schwarzen Crux abgebaut worden. 1924 endete der Bergbau in diesem Gebiet.
Spiegelklar steht das Sickerwasser am Gesenk. Ein rostroter Hunt, der beladen über zweieinhalb Tonnen wog und von zwei Bergleuten geschoben wurde, wartet vergeblich im Halbdunkel auf einen Anstoß. Die feuchten Wände sind wie ein Buch, das gelesen werden möchte. Kalkablagerungen erinnern an den Schuppenpanzer eines Drachen und die grünblauen Spuren der Kupferkarbonate ähneln modernen Wandmalereien.
Der leise Klang des herabrieselnden Wassers begleitet die unter Tage sonderbar beschwerten Schritte. Das spärliche Licht ruft eine angenehme Müdigkeit hervor. Zum Glück stehen im großen Saal Liegen bereit, um eingemummelt in Decken dahinzudämmern.

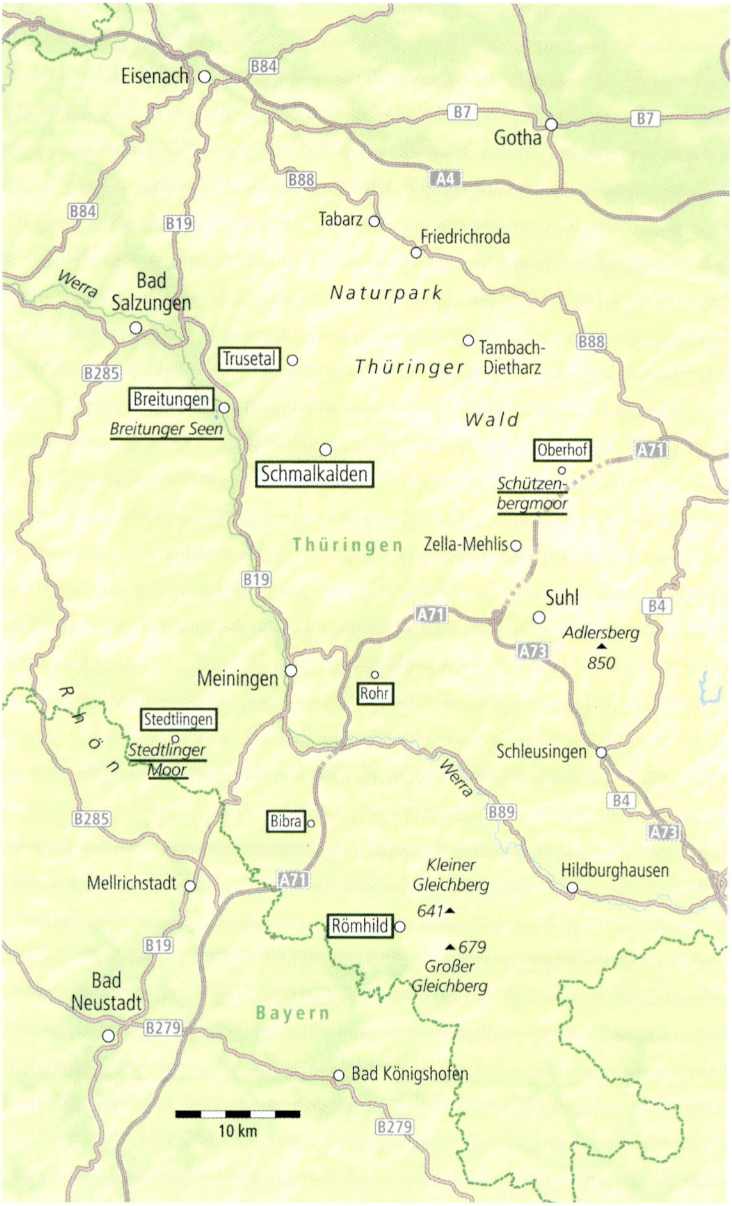
Eisenach
B84
B7
Gotha
B7
B88
A4
B84
B19
Tabarz
Friedrichroda
Werra
Bad Salzungen
Naturpark
Thüringer
Wald
Trusetal
Tambach-Dietharz
B88
B285
Breitungen
Breitunger Seen
Schmalkalden
Oberhof
A71
Schützenbergmoor
Thüringen
Zella-Mehlis
B19
Suhl
B4
A71
Adlersberg
850
A73
Meiningen
Rohr
Rhön
Stedtlingen
Stedtlinger Moor
Werra
Schleusingen
B285
B89
B4
A73
Bibra
Kleiner Gleichberg
641
Hildburghausen
Mellrichstadt
A71
Römhild
679
Großer Gleichberg
B19
Bad Neustadt
Bayern
B279
Bad Königshofen
10 km
B279

Route 2

Oberhof, Schmalkalden, Trusetal, Breitungen, Rohr, Stedtlingen, Bibra, Römhild

Rennsteig und Schützenbergmoor bei Oberhof

(N 50° 42' 21.0" E 10° 41' 37.6")

Wenn im Juli der Rote Fingerhut rauschhaft an den Waldpfaden blüht und nachts Leuchtkäfer über die satten Bergwiesen taumeln, suchen von der Hitze erschöpfte Städter die Kühle der Berge. Am Rennsteig ist dann viel Bewegung. Der durch Thüringer Wald, Thüringer Schiefergebirge und etwa 15 Kilometer auf fränkischem Gebiet verlaufende Kammweg, dessen Name sich von einem Rennpfad für zügig hin- und hereilende Boten ableitet, misst 169 Kilometer. Von der Werra bis zur Saale folgen ausdauernde Wanderer sieben Tage lang dem Großbuchstaben R, übernachten in den Herbergen oder im Schlafsack in den Hütten am Weg, baden in der klaren Luft oder in einem erfrischenden Bergsee. Erneuernd wirkt das Grün der Erlen, Buchen, Bergahorne, Weißtannen und der den Thüringer Wald dominierenden Fichten mit ihren lachenden Ästen. Die wenigen alten, besonders wertvollen Schlossbergfichten des Naturparks überraschen durch hängende, biegsame Äste. Schneemassen finden keinen Halt an ihren schmalen Kronen.

In Oberhof, am Parkplatz Grenzadler, beginnt für viele Ausflügler die Tour mit Tagesproviant im Rucksack, doch sieht man auch Familien Kinderwagen auf den Wald zuschieben. An der Tambacher Straße bleibt ein junges Paar vor der Ski-Arena stehen, die durch den jährlichen Biathlon-Weltcup Bekanntheit erlangte. Schatzsucher sind am neun Kilometer entfernten Schneekopf – dem zweithöchsten Berg des Thüringer Waldes – unterwegs und halten Ausschau nach den sehr begehrten Schneekopfkugeln. Jene runden Steingebilde, die einen Durchmesser von wenigen Zentimetern bis zu zwei Metern aufweisen, wirken durch ihren rötlichen Porphyrmantel unscheinbar. Das Innere der

Wasserauge in der Moorlandschaft

Kugeln aber fasziniert durch schön gebänderte Achate, würfelförmige Kristalle, violette Amethyste und andere Mineralien.
Den Kammweg Richtung Rennsteiggarten bis zur Zellaer Loibe, dann dem Wegweiser Schützenbergmoor folgend, ist bereits nach 30 Minuten das über einen Holzbohlensteg begehbare Hochmoor erreicht. Hier, wo sich auf 890 Metern über NN das Moor wie ein Uhrglas aufwölbt, scheint eine andere Zeit zu herrschen als auf den schattigen Wegen ringsumher. Obwohl das Moor einer die Ewigkeit widerspiegelnden Zeitoase gleicht, ist es erst 2500 Jahre alt. Der weiß-braun gefiederte Alpenbirkenzeisig, den ein roter Kopffleck und eine rosenrote Brust zieren, schickt ein metallisches Rufen über die geschützte Landschaft. Die Farbigkeit der Torfmoose – blasse und schwefelige Gelbtöne, ein unaufgeregtes Lindgrün, mattes Tannengrün oder rostiges Rot – hebt sich lebhaft vom Schwarz des

◄ Blick vom Jägerhausberg bei Oberhof

Torfmoosinsel

Wassers und der graublauen Baumreihe an der Moorgrenze ab. Die weißen Wollgrasschöpfe auf bis zu 70 Zentimeter hohen Stängeln schwanken leicht im Wind. Zwergsträucher, an denen verführerisch rot die Beeren leuchten, kriechen meterweit. Die drollige, oberirdisch lebende Zwergspitzmaus, die das Springen, Klettern und Balancieren zu einer Kunst macht, ist nicht weit. Sie braucht alle zwei bis drei Stunden etwas Nahrung. Man vermeint, neben den Vogellauten ihr Wispern zu hören.

An wenigen Stellen im Moor, als müsste er im Verborgenen leben, wächst der Rundblättrige Sonnentau. Wie Tautropfen glitzern die klebrigen Schleimtröpfchen an den Enden seiner roten Drüsenhaare, um durstige Insekten anzulocken. Ist eine Fliege gelandet, hält das klebrige Sekret sie fest. Ihre hektischen Bewegungen bewirken, dass die Falle zuschnappt. Die Fangarme umschließen die Beute, die tagelang, bis auf den Chitinpanzer, verdaut wird. Wer etwas von diesem Vorgang erleben will, bringe viel Geduld mit und vor allem eine Lupe.

Sonnentau im Schützenbergmoor

Altstadt Schmalkalden und Schloss Wilhelmsburg

(N 50° 43' 19.1" E 10° 27' 20.9")

Eine Gruppe Wanderer folgt dem Bachlauf der Schmalkalde vom Kammweg des Thüringer Waldes nach Südwesten. Munter eilt das Wasser talwärts und schwillt zu einem rauschenden Fluss an. Wo ihm die von einem nahegelegenen Quellteich und mehreren Wildbächen gespeiste Stille zufließt, entstand vor über 1100 Jahren die Stadt Schmalkalden. „Villa Smalacalta" nannte sie 874 erstmals eine Urkunde und belegte, dass die fränkische Adlige Kunihilt diesen Siedlungsflecken dem Kloster Fulda geschenkt hatte.
Bereits im Mittelalter trieb die Wasserkraft im Ort Erzfördereinrichtungen, Schneid-, Papier- und Kornmühlen an. Ihr schmales Tal und ihre Kälte sollen der Schmalkalde den Namen gegeben haben. Ein Kaufbrief aus dem Jahr 1330 enthält die früheste Erwähnung der Quelle am Rennsteig – damals Rynnestig geheißen – und überlieferte so die Bezeichnung des inzwischen meistbegangenen Fernwanderweges in Deutschland.
Fachwerk schmückt die aneinandergedrängten Bürgerhäuser der mauerumgebenen Altstadt. Herrschaftliche Höfe erinnern an Bedeutung und Wohlstand der mittelalterlichen Ansiedlung. Wetterfahnen blinken im Sonnenlicht. Am Pulverturm führt linker Hand der Weg zum terrassierten Lust- und Küchengarten des Renaissanceschlosses Wilhelmsburg. Weithin sichtbar thront es auf dem Hang des städtischen Hausberges: der 425 Meter über NN aufragenden Queste. Die als Sommerresidenz des Landgrafen Wilhelm IV. von Hessen erbaute Vierflügelanlage besitzt in jeder der vier Hofecken einen oktogonalen Wendeltreppenturm. Das Weiß der Außenwände kontrastiert mit den rot hervorgehobenen Eckquadern, Gesimsen, Tür- und Fenstergewänden. Aufwendig gestaltete Portale beleben den Innenhof. Und wegen ihrer ausgewogenen Architektur sowie der plastisch-malerischen Dekoration zählt die 1590 geweihte Schlosskirche zu den gelungensten Raumschöpfungen der deutschen Renaissance.
Längst hat die Wanderergruppe hergefunden. Sie erfragt neugierig die Hinweise auf Schmalkaldens Verbindung zu den König-Artus-Epen.

Schloss Wilhelmsburg in Schmalkalden

Detail der raumidentischen Kopie der Iweinfresken

Gemeint sind Fresken aus dem 13. Jahrhundert, die die Abenteuer des Artusritters Iwein zeigen. Sie befinden sich in den Gewölben eines ehemaligen landgräflichen Hofes am Neumarkt, nach 1360 als „Hessenhof" bekannt. Seit 1996 kann der Bilderzyklus in einer raumidentischen Kopie auf Schloss Wilhelmsburg betrachtet werden. Jene Seccomalerei illustriert Szenen der Iwein-Dichtung des Hartmann von Aue. Sein 8166 Verse umfassendes Heldenepos gilt als herausragender Text der mittelalterlichen Literatur.

Aber weder Wandbilder noch Baukunst steigerten die Bekanntheit der Stadt so, wie es die Schmalkaldischen Artikel vermochten, eine Bekenntnisschrift Martin Luthers „wider Papst, Teufel und Welt". Der Reformator schrieb darin auf Wunsch seines Landesfürsten Johann Friedrich von Sachsen die zentralen Glaubensinhalte der evangelischen Bewegung nieder. Das Dokument wurde am 24. Februar 1537 in Schmalkalden der protestantischen Bundesversammlung vorgelegt. Es sollte Verhandlungsgrundlage für ein Konzil in Mantua sein, wo

◂ Schlosskapelle

der Papst die Einheit der Kirche wiederherstellen wollte. Jenes Konzil wurde mehrfach verschoben und fand schließlich nicht statt. Den nun folgenden Kampf gegen die Armeen des katholischen Kaisers verlor das Verteidigungsbündnis der protestantischen Fürsten und Städte, nach seinem Versammlungsort auch Schmalkaldischer Bund geheißen. Trotzdem blieb die Stadt im europäischen Gedächtnis – hatte sie der Allianz der Protestanten, ihrem Krieg gegen Kaiser Karl V. und den Artikeln Martin Luthers doch den Namen geschenkt.

Trusetaler Wasserfall (N 50° 47' 43.3" E 10° 25' 11.5")

Als „Inselswasser" vom Großen Inselsberg, wo Frauen und Männer tollkühn vom Schanzentisch abheben und den Schanzenrekord von 123,5 Metern zu überbieten versuchen, strömt die Truse gelassen durchs Land. Schläfrigkeit gab ihr den Namen. Dennoch bewegte der in die Werra mündende Fluss jahrhundertelang Mühlen und wurde für

Oberer kleiner Trusewasserfall

den Betrieb von Hammerwerken sowie Schmelzhütten genutzt. Sein schmales Tal bei Brotterode war bis zum Jahr 1865 den Klängen der Metallgewinnung und dem Vogelgesang vorbehalten und hält noch heute langen Winterschlaf. Ab Ostern aber erfüllt ein beständiges Donnern die Gegend, denn abgezweigtes Trusewasser stürzt sich 58 Meter von der Felsenklippe, als gäbe es kein größeres Abenteuer.

Die Osterspaziergänge sind der Anfang der bis zum Herbst anhaltenden Besucherströme. Für in trockenere Regionen gesendete Bilder umarmen Menschen aller Altersstufen einander vor dem Silberschaum. Beschirmt von sattgrünen Baumkronen, wird die neben dem Wasserfall verlaufende, sehr steile Treppe erklommen. Ein gutmütiges Felsgesicht zeigt sich in der unteren Kaskade. Zwei Kinder krietschen, als der Wasserfallwind ihnen Tropfen ins Gesicht spritzt. Kaum ist der Schreck überwunden, rufen sie: „Mehr! Mehr!“ und gewinnen so die Aufmerksamkeit anderer Kinder, die gern mit großen Flügeln ausgestattet wären, um hinaufzufliegen zu dieser Erfrischung.

Feine Wasserschleier tanzen wie Feen gefahrlos in den Abgrund. Die starken Verwirbelungen an der zweiten Kaskade scheinen kleinste

Großer Trusewasserfall

Brillanten zu erzeugen, die schillernd durch die Luft sausen und einen großen Schatz imaginieren. In der Höhe sitzen Besucher auf den steinernen Stufen, um schwindelfrei in die Tiefe zu blicken. Wasser und Sonne bauen Regenbogen. Zarte Moosgebilde scheinen die bei ihnen hart anklopfenden Tropfen wegzuschleudern. Gräser wedeln, von Radialwinden erfasst, hin und her. Am höchsten Punkt des Trusetaler Wasserfalles angekommen, sieht man noch einmal zurück auf die vom nassen Sprüh gestreiften zitternden Farne.

Breitunger Burghügel und Seen (N 50° 45' 32.7" E 10° 20' 18.5")

Von der Trusemündung nur einige Hundert Meter entfernt, überragt der Breitunger Burghügel das sanft geschwungene Werratal mit seinen Ackerflächen, Waldgebieten und Seen. An beiden Ufern des vom Trusewasser verstärkten Flusses liegt Südthüringens größtes Dorf. Dessen teils fachwerkverzierte Wohngebäude werden von Blumen- und Obstgärten umschlossen. Seit Langem ermöglichen zwei alte Steinbrücken den Breitunger Einwohnern die schnelle Flussquerung. Eine gut passierbare Furt war einst Anlass der frühzeitigen Besiedelung.
Aus drei Siedlungskernen ging die Landgemeinde hervor – Altenbreitungen heißt der älteste. Um 450 soll der Flecken durch Alemannen gegründet worden sein. Ihm folgten etwa 300 Jahre später die von Franken errichteten Ortslagen Königs- und Burgbreitungen. Ein Schriftstück des ostfränkischen Königs Heinrich I. beschrieb 933 die Grenzen der Mark Bretinga. Dies gilt als Ersterwähnung Breitungens, wo im Laufe des 12. Jahrhunderts auf der linken Werraseite ein Augustinerinnenkloster und auf der rechten ein Benediktinerkloster entstanden. Den Einfluss der Nonnen sowie der Mönche widerspiegeln die noch heute gebräuchlichen Namen beider Ortsteile: Frauen- und Herrenbreitungen. Eine Brücke zwischen den Klöstern gab es bereits im Jahr 1137. Und eine Sage überliefert, dass ein, in der Reformations-

Breitunger Basilika ▶

Schloss und Park Breitungen

Breitunger Seen

Seerosenteppich mit Steg

zeit verfallener, unterirdischer Gang beide Einrichtungen verbunden habe.

Am Herrenbreitunger Burghügel enden die Ausläufer des Thüringer Waldes, und vom 28 Meter hohen Turm der romanischen Basilika blickt man bis zur Vorderen Rhön. Das Mittelschiff der 1112 geweihten Kirche und ihr Westturm, mit seinem markanten Satteldach und den halbkreisförmigen Giebelabschlüssen, blieben erhalten. Der wohlproportionierte, helle Innenraum mit seiner flachen Decke und den niedrigen Seitenschiffen wurde nach Erbauung des Renaissanceschlosses auf dem ehemaligen Klostergelände unter dem hennebergischen Grafen Poppo XII. zur Schlosskapelle umgewidmet. Inzwischen dient er als Ausstellungs- und Konzerthalle. Die ausgewogene Akustik gibt auch dem Ja-Wort vieler Paare einen besonderen Klang.

Ganz nah liegen die Breitunger Seen. Ihren Ursprung haben sie in Einbrüchen, die durch Auslaugung unterirdischer Kali- und Steinsalz-

lagerstätten verursacht wurden. Windböen spielen mit dem Wasser. Lichtgefüllte Tropfen rinnen von den sternförmigen weißen Kelchen der Seerosen. Die Pflanzen bilden üppig ornamentierte Teppiche und es verwundert nicht, dass diese Blume das Gemeindewappen ziert.
Das Schilfrohr raschelt leise. Bittersüßer Nachtschatten und weißblütiger Uferwolfstrapp gedeihen im Schutz des Röhrichts. In regelmäßigen Abständen wird es von Holzstegen unterbrochen, die Aussicht über die Seen bieten. Die unter den Schritten federnden Wege über das Wasser sind ideale Plätze für Picknicks oder romantische Treffen, und von einigen Stegplattformen klingen am Spätnachmittag oder frühen Abend Getuschel, Versprechen und gedämpftes Lachen herüber.
Ganz in sein Tun versunken, entwirrt ein Angler feine Kunststoffschnüre. Hecht, Barsch und Karpfen will er nachstellen. Polartaucher und Gänsesäger sind ihm hier schon begegnet. Der stets im Wippgang die Ufer erforschende Stelzenläufer zieht unweit seine Brut auf. Selbst die Beutelmeise knüpft aus Samenwolle und Fasern ihre Nester wieder an diesem Gewässer.

Kirchenburg Rohr (N 50° 34' 39.9" E 10° 29' 57.3")

Kein Windhauch kühlt den Sommermittag in Rohr. Nur das Torhaus von Sankt Michaelis wirft einen schmalen Schatten. Hier sammeln sich die Besucher vor Thüringens ältestem Kirchenbau. Sie mustern den oval angelegten Innenhof sowie die sechs Meter hohe, mit Schießscharten versehene Ringmauer. Ein Vorsprung erinnert noch an den im 14. Jahrhundert errichteten hölzernen Wehrgang. Rechter Hand zweigt ein Weg zu blumenbedeckten Gräbern ab. Verwitterte Steinmale lehnen am Glockenturm der im Burgzentrum aufragenden Dorfkirche. Weiter hinten gibt ein zweiter Mauerdurchlass den Blick über fruchttragende Felder frei. Und zur Linken wartet das im Gemeindehaus untergebrachte Kirchenmuseum auf Gäste.

Schwedenköpfe in der Michaeliskirche von Rohr ▶

Michaeliskirche

Ein Rotkehlchen landet vor den Schauenden. Es beachtet das überraschte Publikum kaum. Die Vögel singen selbst während einer Sonnenfinsternis oder in den düsteren Stollen eines Bergwerks, wird behauptet. Ohne Unterlass möchten die Männchen ihr melodiöses Werben an brutwillige Weibchen richten. Wie den Troubadouren gelingen ihnen dabei die wehmütigsten Weisen. Gerne verbrämen sie die perlenden Langstrophengesänge mit heiterem Spott, sodass Lautfolgen von Zilpzalp, Buchfink oder Fitis im Ticksen und Schnickern mitklingen.
Erfrischend wirkt wenig später die Temperatur des Kirchenraumes. Weihrauch würzt noch die Luft. Lichtstreifen wandern über altersdunkle Holzbänke und den Steinfußboden. Üppig mit Bildwerk und Ornamenten versehen, ziehen die hölzerne Kassettendecke sowie die Doppelemporen aus dem 17. Jahrhundert das Interesse auf sich. Ernst blicken zwölf Männerporträts von den Kapitellen der Säulen, die sogenannten „Schwedenköpfe“ mit Zwickelbart und Halskrausen. Sie sollen

Krypta

König Gustav II. Adolf von Schweden zeigen und ihn als Retter der Reformation würdigen.
An der linken Seite des Altarbereiches führt eine schmale Treppe zur romanischen Krypta, deren Gewölbe aus sich durchdringenden Tonnen auf vier quadratischen Pfeilern ruht. Sie allein blieb von dem zwischen 815 und 824 erbauten karolingischen Kloster Rohr erhalten und bezeugt seit 1 200 Jahren die sakrale Bedeutung des Ortes. Kaiser und Könige sollen in der kleinen halbrunden Halle gebetet haben.
Höhepunkt der an sie geknüpften Belange war der 984 abgehaltene Reichstag in Rara, dem späteren Rohr. Zum Fest der Heiligen Peter und Paul, am 29. Juni, bat der bayerische Herzog Heinrich II. – Zänker genannt – die mächtigsten Frauen jener Zeit um Vergebung. Er hatte den Kindkönig Otto III. aus der Obhut seiner Mutter Theophanu, der Gemahlin und Witwe Kaiser Ottos II., entführt, um die kaiserliche Herrschaft zu erringen. Unterstützt von ihrer Schwiegermutter Adel-

heid von Burgund konnte Theophanu ihn jedoch bezwingen. Heinrich musste vor beiden um Gnade flehen und schwören, nie wieder aufzubegehren.

Stedtlinger Moor (N 50° 31' 38.2" E 10° 17' 04.3")

Feuerrot locken die essbaren, süßsauren Früchte eines Wildrosenbusches. Zur Herstellung von Hagebuttenkonfitüre, -wein oder -tee werden sie verwendet und gelten auch Vögeln als Leckerbissen. Verträumt liegt das 800 Jahre alte Dorf Stedtlingen am Fuß des 538 Meter hohen Kirschberges. Richtung Westen steigt das Wiesengelände hinter der Ortschaft allmählich an. Seidenfäden wehen von den kniehohen Gräsern und Blumen. Wolken silbern geflügelter Insekten durchflimmern das Spätsommerlicht.
Jeder Schritt weckt überraschend viele Grashüpfer und lässt sie nach allen Seiten davonspringen. Wogengleich schnellen sie vor Spazier-

Stedtlinger Moor

gängern her. Andere Insekten werden von der Bewegung mitgerissen und steigen auf. Ein Hasenpaar flitzt ins Unterholz. Singvögel halten im gemeinsamen Konzert inne und erhöhen vorsichtig die Distanz zum Betrachter. Für wenige Augenblicke enthüllt das Habitat seinen Artenreichtum.

Dann erregt ein von Binsen, Schilf und Birken umrandetes Wasserauge zur Linken die Aufmerksamkeit. Es liegt am Saum der geschützten Bischofswaldung und gewinnt durch das Spiel von Helligkeit und Schatten, mit dem die nahen Baumkronen seine Ufer zeichnen. Stedtlinger Moor wird es genannt und ist Teil des Naturschutzgebietes. Als selbstverständlich gilt, das 200 mal 150 Meter kleine Refugium nur von fern zu betrachten.

Sumpfgras formt struwwelige Aufwölbungen. Flache Senken füllt das Himmelsblau spiegelnde, torfige Wasser. Es sind Bulte und Schlenken, die der Moorlandschaft den typischen Rhythmus geben. Sieben Meter mächtig ist die Torfschicht, was auf ein Alter von etwa 7 000 Jahren verweist. Mehrere Handbreit dicke Pflanzenteppiche bilden einen trügerischen Schwingrasen, der feuchte Randzonen deckt und nicht betre-

Versinkender Baum

ten werden darf. Sonst bestünde Lebensgefahr, warnen die Einwohner Stedtlingens.
Versinkende Bäume recken ihre Äste einander zu, als würden sie Halt suchen. Scheidiges Wollgras bauscht seine wattigen Blütenhüllfäden. Das purpurrot blühende, bis zu 70 Zentimeter hochwachsende Sumpfblutauge und der Siebenstern, dessen sieben Kelchblätter sich weiß- bis rosafarben öffnen, gedeihen hier. Und die Rausch- und Krähenbeeren werden vom Hochmoor-Perlmutterfalter überflogen, der so selten ist, dass viele ringsum seinen Namen kennen, doch nur wenige ihn bislang zu Gesicht bekamen.

Kirche Sankt Leo Bibra (N 50° 28' 11.8" E 10° 26' 19.0")

Mit weißen, Schwanengefieder gleichen, jedoch goldbeschwerten Flügeln ist der Erzengel Gabriel auf dem Bibraer Verkündigungsaltar zur Erde herabgekommen. Sein linker Flügel ist nicht zusammengefaltet und verleiht der Figur viel von der Kühnheit des Fluges. Ein Wirbelsturm nistet im unteren Teil seines Gewandes. Die weiße Lilie in der linken Hand, bringt er Maria die Botschaft, dass sie den Sohn Gottes gebären wird.
Abwesend wirkt die Frau. Und voller Anmut. Ihr Antlitz, das des Engels und der Heiligen Elisabeth, der Mutter Johannes des Täufers, besitzen etwas Rätselhaftes, das sich mit Melancholie zu Schönheit verbindet.
Die evangelische Kirche Sankt Leo in Bibra beherbergt neben dem Verkündigungsaltar noch zwei weitere Altäre aus der Werkstatt Tilman Riemenschneiders. Den Apostelaltar, der Jesus und alle seine Jünger mit Ausnahme von Judas zeigt – an seiner Stelle wurde Maria aus dem Lindenholz geschnitzt –, und den Kirchenväteraltar, der die großen Kirchenlehrer Hieronymus, Gregor den Großen, Ambrosius und Augustinus neben Engel, Adler, Löwe und Stier abbildet.
Hat man sich erst einmal auf eine längere Betrachtung der etwa 500 Jahre alten Kunstwerke eingelassen, vermeint man in ihre erzählerische Tiefe hineinzugehen wie in einen Zauberwald, aus dem nur schwer wieder herauszufinden ist.

Detail vom Kirchenväteraltar

Verkündigungsaltar

Die Herren von Bibra, ein fränkisches Adelsgeschlecht, das Bischöfe für die Bistümer Würzburg und Fulda stellte, hatten um 1500 die Kirche an ihrem Stammsitz bauen lassen und Tilman Riemenschneider für die Ausstattung gewonnen. Der spätgotische Meister der Holzschnitzkunst war etwa 1460 in Heiligenstadt geboren und in Erfurt zum Steinbildhauer ausgebildet worden. Seine in Würzburg unterhaltene Werkstatt zählte zu den bedeutendsten Bildhauerwerkstätten ihrer Zeit.
Eine dem Zentrum des Kirchenväteraltars entnommene Skulptur von Papst Leo I., die im Chorraum auf ihre Wiedereinsetzung in den Altar wartet, sowie das Epitaph des Johannes von Bibra, der in Rüstung und mit dem Schwert in der Linken auf einem Hund steht, zeigen die unverkennbare Handschrift des Meisters. Es berührt die Ausdrucksstärke der Figuren – ihre Nähe und gleichzeitige Distanz. Ihre Zeitlosigkeit und unaufdringliche Gegenwart. Man glaubt, die Gesichter der Skulpturen Riemenschneiders zu kennen, ihnen erst kürzlich begegnet zu sein. Vielleicht in der Erfurter Straßenbahn, auf dem Jenaer Markt oder während einer Wanderung im Thüringer Wald.

Großer und Kleiner Gleichberg (N 50° 22' 26.9" E 10° 35' 33.4")

Durch die Zungenblüten der Wegwarte leuchten im Frühsommer in der Grabfeldregion die Wegränder blau. Im klaren Bachwasser transportiert der seltene Steinkrebs ab Herbst unter dem angeklappten Schwanzfächer seine Eier. Und die ebenfalls geschützte Bachmuschel, die in Mitteleuropa ein Alter von über 30 Jahren erreicht, findet im Wurzelwerk der Erlen Unterschlupf.
Die Gleichberge, jene zwillingsnahen, durch ihre Basaltkuppen Unzerstörbarkeit vermittelnden Erhebungen in flacher Landschaft, üben eine starke Anziehungskraft auf die Gäste Südthüringens aus und sind für die Einwohner des Landkreises Hildburghausen ohnehin beliebte Bezugspunkte.
Vor Jahrmillionen erschreckte hier der fleischfressende Dinosaurier Liliensternus liliensterni andere Lebewesen. Bei Bedheim am Großen

Frankenblick vom Großen Gleichberg

Thüringenblick

Holzbruch erinnert an ein Urzeitwesen

Gleichberg waren in den Dreißigerjahren Knochen verschiedener Spezies ausgegraben worden, neben dem Raubsaurier auch ein ihn überragender Pflanzenfresser. Keine zwei Meter hoch und sechs Meter lang, wird Liliensternus liliensterni zu den kleineren Räubern gezählt. In Schleusingen, im Naturhistorischen Museum Schloss Bertholdsburg, erlauben Nachbildungen sowie die präparierten Skelette dieser faszinierenden Kreaturen eine Reise in die Trias, jene Epoche, in der die Dinosaurier noch am Anfang ihrer Entwicklung standen.
Froh, in einer Zeit zu leben, die ein von riesigen Tieren unbehelligtes Spazieren durch den Wald ermöglicht, streift man auf der Basaltwerkstraße der Ortschaft Gleichamberg an Kirschbäumen vorüber. Zum Plateau des Großen Gleichbergs windet sich ein mit Bucheckern bestreuter Weg hinauf. Neben Buchen spenden Ahorn, Linden und Ei-

◂ Russischer Bär

Blick vom Kleinen Gleichberg

chen Schatten beim Aufstieg. Üppig wachsen im Juli die Himbeeren, die die 45 Gehminuten bis zum Gipfel, der bei 679 Metern über NN liegt, versüßen. Hinter Industrieruinen und einem Funkturm blühen Lupinen, Kamille, Fingerhut und Glockenblumen auf den von verschiedensten Schmetterlingen zur Mittagszeit besuchten Wiesen. Angenehm kühl ist es im anschließenden Wald, wo Grenzsteine von Flechten besiedelt werden und Schilder den sicheren Weg zu den Aussichtspunkten weisen.

Am „Frankenblick" steht das Gipfelkreuz, Milz und Schlechtsart sonnen sich neben vielen anderen Ortschaften im Tal. Und in 35 Kilometer Entfernung erscheint bei klarer Luft die Veste Coburg am Horizont. Der „Rhönblick" zeigt neben anderem Römhilder und Sülzdorfer Dächer. Und angetan von dem Platz, den die Natur eigens für Liebende eingerichtet zu haben scheint, verweilt man lange auf der Bank am „Thüringenblick", dem Kleinen Gleichberg gegenüber.

Die Weite im Gedächtnis kann nun beschwingt der Abstieg erfolgen. Am besten auf dem Holzweg, der 3,5 Kilometer in Serpentinen zum Römhilder Ortsteil Waldhaus führt, zum Sattel der Gleichberge. Dort, auf der von wilden Blumen duftenden Hangwiese vor dem Steinsburgmuseum, ist ein vom Vogelkonzert aus den Baumkronen begleitetes Hochzeitsfest im Gange. Über zwanzig Kaisermäntel treffen sich hier zum Hochzeitsflug. Etwas abseits der orangefarbenen und braun gemusterten Edelfalter landet am Waldsaum auf einem Brombeerstrauch der Russische Bär, so als wollte er das Fest aus der Ferne betrachten. Einem schwarzen Dreieck mit lichtgelben Streifen ähnlich, ist er gut getarnt, spreizt dann aber plötzlich sein oberes Flügelpaar und entblößt das knallrote, schwarz getupfte Unterkleid.

Im Steinsburgmuseum erzählen steinzeitliche Fundstücke wie Feuersteinwerkzeuge von der Anwesenheit der Menschen im Gleichberggebiet vor bereits 10 000 Jahren. Mehrere 2 500 Jahre alte, mit einem Vogelkopf verzierte bronzene Gewandnadeln geben Bericht von dem Kunstsinn der Kelten. Sie siedelten vom 6. bis zum 1. Jahrhundert vor Christus in dieser Gegend und errichteten im späten 6. und frühen 5. Jahrhundert jene Akropolis genannte Festung auf dem Kleinen Gleichberg. Der äußerste der drei Mauerringe maß drei Kilometer. Bis zu fünf Meter breit wie hoch waren die Basaltbrocken aufeinandergeschichtet worden.

Ob jener Ort auf dem 66 Hektar großen Areal des Bergplateaus tatsächlich das von Klaudios Ptolemaios in der „Geografie“ beschriebene Bikourgion war, bleibt ein Rätsel. Und auch die Frage, warum die Kelten dieses Siedlungsgebiet aufgaben, bewegt nach wie vor die Historiker.

Steil ist der Pfad zum Gipfel des Kleinen Gleichberges, der vom Steinsburgmuseum aus nach einer Stunde erreicht wird. Das dichte Laubdach wirft seine Schatten auf die Reste der Keltenfestung. Die Bänke am Rande des Bergplateaus sind nicht selten von Wanderern besetzt. Totholz ragt zwischen Baumstämmen auf und erinnert an einen Dinosaurier.

Unbemerkt baut die Larve des Hirschkäfers im Juni neben einem verrottenden Wurzelstock ihre Puppenwiege aus Erde, in der nach drei Monaten bereits der Käfer liegen wird. Und viele in den Basaltblockmeeren geschützt lebende Tiere warten auf den Abend, um auf Futtersuche zu gehen.

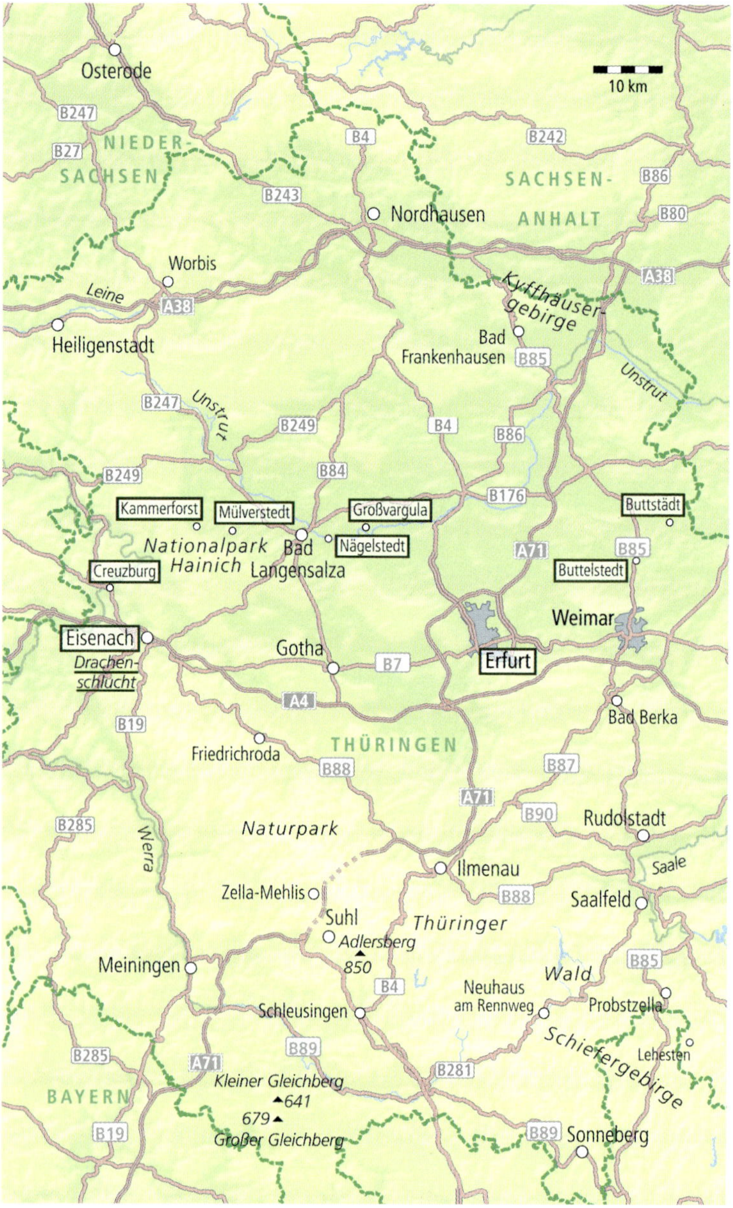
10 km
Osterode
B247
B27
NIEDER-
SACHSEN
B4
B242
SACHSEN-
ANHALT
B86
B80
B243
Nordhausen
Worbis
Leine
A38
Kyffhäuser-
gebirge
Heiligenstadt
Bad
Frankenhausen
B85
Unstrut
B247
B249
B4
B86
B84
B249
B176
Kammerforst
Mülverstedt
Großvargula
Buttstädt
Nationalpark
Hainich
Bad
Langensalza
Nägelstedt
A71
B85
Buttelstedt
Creuzburg
Eisenach
Drachen-
schlucht
Gotha
B7
Erfurt
Weimar
A4
Bad Berka
B19
Friedrichroda
THÜRINGEN
B88
B87
A71
B285
Werra
Naturpark
B90
Rudolstadt
Saale
Ilmenau
Zella-Mehlis
B88
Saalfeld
Suhl
Thüringer
Adlersberg
850
Meiningen
Wald
B85
B4
Neuhaus
am Rennweg
Probstzella
Schleusingen
Schiefergebirge
Lehesten
B89
B285
A71
B281
Kleiner Gleichberg
641
679
Großer Gleichberg
BAYERN
B19
B89
Sonneberg

Route 3

Eisenach, Creuzburg, Kammerforst, Mülverstedt, Nägelstedt, Großvargula, Erfurt, Buttelstedt, Buttstädt

Eisenacher Drachenschlucht und Wartburg

(N 50° 55' 56.5" E 10° 19' 06.7")

Es gibt sie in der Schlucht noch immer – die Drachen, erzählen manche Bewohner von Eisenach. Nachts kommen sie aus ihren Verstecken, wandern stumm im Mondlicht, gut sichtbar mit den gelben Ohrdrüsen und gelben Flecken auf der schwarzen, glänzenden Haut. Strömender Regen lockt sie sogar tagsüber aus ihren Refugien. Zwei Meter weit können sie ihr Gift verspritzen. Um die Gehölze aber muss man sich nicht sorgen, denn niemand sah sie je Feuer speien. Auch erschrecken sie nicht durch monströsen Wuchs. Die Rede ist von Feuersalamandern, die wegen ihres schönen Warnkleides so beliebt sind.

Das feucht-kühle Klima in der Klamm am südlichen Stadtrand Eisenachs wirkt vor allem an heißen Sommertagen anziehend. Bei der „Hohen Sonne", am Rennsteig, erfreut eingangs der Schlucht eine Blickbeziehung zur Wartburg. Langsam beginnt über Treppen der Abstieg. Holzbohlen und Stege bilden den vom Marienbach begleiteten oder unterspülten Pfad. Auf einer Strecke von etwa drei Kilometern gilt es, 172 Höhenmeter zu überwinden. Buchen, Eichen und Ahornbäume bieten etlichen Tierarten ein Zuhause. Der lichtreiche Schluchtenwald wechselt mit schattigen Felsengen ab. Im Mai blüht das seltene Gelbe Veilchen, ein Eiszeitrelikt. Bachforellen tummeln sich im Wasser. Und zwischen den hohen, grünen, immer dichter heranrückenden Felswänden glaubt man, in einem Traum umherzugehen. An der engsten Stelle, dem 68 Zentimeter schmalen Nadelöhr der Klamm, kommt es hin und wieder zum Stau.

Felsschnecken schlafen in den weichen Sternmoospolstern. Die Üppigkeit der Farne lässt an einen Spaziergang durch die Tropen denken.

Drachenschlucht

Am Ausgang der Schlucht

Strudelnischen geben den Felsen verschiedenste Gesichter. Auf Bänken und unter Baumkronen rasten Familien. Sieben Meter höher zimmert ein Specht seine Bruthöhle.

Bereits nach einer knappen Stunde langsamen Gehens ist der Ausgang der Schlucht erreicht. Und anstelle der Umkehr wählt die Neugier den Weg über die Bundesstraße 19 hinweg durch die Landgrafenschlucht wieder bergauf zur „Hohen Sonne". Vom da überall auftretenden Milzkraut und der Brunnenkresse können Spaziergänger kosten, das klare Rieselwasser trinken. Jene Rundwanderung von 8,4 Kilometern unternehmen die Einheimischen am liebsten nach ergiebigen Regenfällen, wenn das Wasser in feinen Schleiern von den Felsüberhängen weht und die rieselnden sowie strudelnden Geräusche das Gehör schärfen.

Bis zur Wartburg sind es von der „Hohen Sonne" keine 15 Autominuten. Eine Legende benennt den aus fränkischem Adel stammenden Ludwig II. als Gründer der Festung um 1067. Der Sage nach ermordete er

Wartburg

den sächsischen Pfalzgrafen Friedrich III., um dessen Frau Adelheid zu ehelichen. Im Giebichenstein zu Halle sei er gefangen gehalten worden und habe durch einen Sprung in die Saale seine Freiheit und den Beinamen „der Springer" erlangt.

Die früheste schriftliche Erwähnung der Burg fällt auf das Jahr 1080. Der Geistliche Bruno von Merseburg hatte in seiner Schrift über den Sachsenkrieg „De bello Saxonico" von einer „Burg namens Wartberg" berichtet. Zu jener Zeit war das Bauwerk noch nicht mit dem Palas ausgestattet, der, im 12. Jahrhundert erbaut, als architektonisches Glanzstück der Gesamtanlage Gäste aller Kontinente anzieht. Der große Festsaal hinter seinen Mauern ist durch den Film „Luther" von 2003 bekannt. An diesem Drehort rief der Reformator vor Papstgesandten, Kaiser und Fürsten aus: „Hier stehe ich, ich kann nicht anders."

Der alte Wehrgang führt zur „Lutherstube", die seinerzeit ein Kavaliersgefängnis war. Vom 4. März 1521 bis zum 1. März 1522 blieb Martin Luther hier in Schutzhaft. Der sächsische Kurfürst Friedrich der Weise hatte den von Papst Leo X. Exkommunizierten und durch Kaiser Karl V. am 25. Mai 1521 als vogelfrei Erklärten auf die Wartburg entführen las-

Im Festsaal

sen. Der Tisch, an dem er das Neue Testament in die deutsche Sprache übersetzte, wurde von Pilgern spanweise in der Welt verstreut. Eine Bibel mit handschriftlichen Anmerkungen Martin Luthers wird als einer der größten Schätze des zum UNESCO-Welterbe ernannten Ortes gehütet.

Der heiligen Elisabeth begegnen Besucher auf einem farbenreichen Wandbehang im Burgmuseum. Glücklich soll die wenige Jahre währende Ehe mit Ludwig IV. gewesen sein. Ihre Spenden für die Armen wurden bei Hofe nur schwer ertragen. Anfeindungen ausgesetzt, verließ Elisabeth nach dem Tod ihres Mannes im Jahr 1227 mit den drei Kindern Thüringen. Die Landgräfin ungarisch-königlicher Herkunft begleitete Sterbende und wusch Kranke bis zu ihrem frühen Tod in Marburg mit 24 Jahren.

Die vielen Museums-Exponate, jene zu frühen Jahrhunderten geöffneten Fenster, sind selbstredend: der „Dürerschrank“ mit seinen feinen Schnitzereien, die „Madonna mit der Weintraube“ sowie andere Bilder von Lukas Cranach dem Älteren oder eine gotische Harfe, die dem Minnesänger Oswald von Wolkenstein zugeschrieben wird. Vor dem romanischen Arkadengang mit Doppelkapitellen umarmt sich ein Paar aus Asien für ein Foto und schickt lachend seine Anleitungen für den Fotografen durch das internationale Stimmengewirr im Hof.

Alte Werrabrücke und Liboriuskapelle Creuzburg

(N 51° 02' 59.6" E 10° 15' 01.8")

Nahe der Creuzburger Altstadt, wo die Bundesstraße 7 die Werra überquert, zieht das Ensemble einer siebenbogigen Brücke samt Kapelle alle Blicke auf sich. Oft verlockt es Reisende zu einem Halt und schnell erliegen die Ankömmlinge dem Bann der im Nachmittagslicht matt honigfarbenen Bauten. Weder ihre beachtlichen Abmaße noch die solide Gründung in dem dunklen Gewässer vermindern den Eindruck, vor etwas emporstrebend Lichtem zu stehen.

Der Legende nach war die 86 Meter lange Natursteinbrücke ein Geschenk des Landgrafen Ludwig IV. an seine Gemahlin, ein Zeichen gro-

Werrabrücke und Liboriuskapelle

ßer Freude über die Geburt des ersten Sohnes. Elisabeth von Thüringen gebar den Erben 1222 in ihrer Lieblingsresidenz, der Creuzburg. Einst sollen Brücke und Stadtmauer miteinander verbunden gewesen sein. Die andere Uferseite sicherte ein mächtiger Wehrturm.

Dem Heiligen Bonifatius wird während seiner Zeit als Missionserzbischof die Gründung eines Benediktinerklosters auf dem Burgberg zugeschrieben. Das angeblich von ihm errichtete, inzwischen mehrfach erneuerte Holzkreuz im Hof der heutigen Burganlage erinnert daran. Auch soll es dem Ort seinen Namen gegeben haben. Um 1170 musste das alte Kloster wohl der Höhenbefestigung weichen, die der Ortschaft im Tal fortan Schutz bot. Creuzburg zählt zu den ältesten thüringischen Städten, und etliche Hügelgräber belegen eine bis in die Bronzezeit reichende Besiedelung.

Zusammen mit dem aus hellgelben Sand- und Kalkstein geschaffenen Werraübergang entstand 1223 eine kleine hölzerne Kirche. Vorüberkommende konnten hier himmlischen Beistand erbitten. Ende des 15. Jahrhunderts ließ man sie durch die repräsentativere Liboriuskapelle ersetzen. Viele Heilung suchende Menschen, die zum Kreuz

Werrabrücke

Wandmalerei in der Liboriuskapelle

des Bonifatius pilgerten, verweilten in der neuen Andachtsstätte. Ihr namensgebender Patron Liborius wurde für seine Hilfe bei Koliken, Steinleiden, Wassersucht und Fieber verehrt. Nicht wenige vermuten in der Wahl des Schutzheiligen einen Bezug zur nahe gelegenen Saline von Wilhelmsglücksbrunn, da die Sole früh schon Heilzwecken diente.

Dreizehn Meter lang und neun Meter breit ist das Kirchgebäude im spätgotischen Stil, dessen Ausgewogenheit und Ebenmaß die Orientierung an bedeutenden Vorbildern vermuten lässt. Der einschiffige Saalbau wurde nach Nordosten ausgerichtet, um den vorhandenen Felsenuntergrund bestmöglich zu nutzen. Die Schmalseite mit dem original erhaltenen Portal weist gen Südwesten und zur etwa fünf Meter breiten Brücke, deren Ausweichbuchten die Passage früher erleichterten. Vom Durchgangsverkehr befreit, genießen heute Spaziergänger den Ausblick und lauschen dem Klang des Wassers.

Wer die wuchtige Eingangstür öffnet und ins Kapelleninnere gelangt, muss für einen Moment seine Augen an schwächeres Licht gewöhnen. Das fast fugenlose Quadermauerwerk der Wände trägt auf schlanken Säulen ein rot abgesetztes Netzrippengewölbe. Den Chorraum erhellen drei mit Maßwerk – teils sogenannten Fischblasenornamenten – geschmückte Fenster. Dann treten allmählich die durch großformatige Wandbilder geschilderten Ereignisse des Jüngsten Gerichts, des Leidenswegs Christi sowie aus dem Leben der 1237 heiliggesprochenen Landgräfin Elisabeth hervor und fesseln den Betrachter. Nicht alles hat dem Wirken der Zeit oder den Wechselfällen menschlicher Gesellschaft widerstanden. Manches ist verblasst, anderes büßte Farbflächen und Konturverläufe ein. Stil und Formensprache der Bilderzyklen offenbaren die Verwandtschaft mit der hochmittelalterlichen Buchillustration und Holzschnittkunst. Und ihr thematischer Reichtum und Umfang gilt in Mitteldeutschland als einmalig.

Betteleiche bei Kammerforst (N 51° 06' 12.6" E 10° 23' 36.8")

An weiße Schiffe erinnernd, die unter vollen Segeln durchs Himmelsblau fahren, ziehen einzelne Quellwolken von Kammerforst in Richtung Mihla weiter. Die beiden Gemeinden trennt der 24 Kilometer lange Höhenzug des Hainichs. Er nimmt den Großteil einer Muschelkalk-Randplatte ein, die im Westen bogenförmig die sanft gewellte Landschaft des Thüringer Beckens begrenzt. Von Mühlhausen bis Behringen reicht das 16 000 Hektar umfassende Waldgebiet. Im Norden endet es an der Bundesstraße 249. Und im Süden schützt der seit 2011 zum Weltnaturerbe gehörende Nationalpark Hainich Deutschlands größte nutzungsfreie Laubwaldfläche. Den Namen des Höhenzuges leitet man vom mittelhochdeutschen Wort „Hagen" ab, das ein heiliges, von Hainbuchenhecken geschütztes Areal bezeichnet. Mit fast 494 Metern über NN ist der Alte Berg die höchste Erhebung dieser Gegend.
Viele Wanderfreunde schätzen die Ortschaft Kammerforst als Ausgangspunkt für den Besuch der sagenumwobenen Betteleiche. Am Reckenbühl, der Fortsetzung der Reckenbühler Straße, zweigt unweit eines Kletterwaldes der Poststieg ab. Er führt über eine Sommerwiese zum Kammerforster Wald, dessen Buchenbestand von Ahorn, Linden oder der seltenen Elsbeere durchmischt wird. Jüngere Bäume stehen in

Bemoostes Unterholz

dichten Gruppen wie ein Irrgarten. Den Stämmen gewaltiger Rotbuchen schenkt einfallendes Streiflicht silbernen Glanz. An der Kreuzung von Hoher Straße und Rennstieg wird nach einer halbstündigen Wanderung schließlich das Wegziel erreicht.

Es heißt, die bis zu 800 Jahre alte Stieleiche könne Wünsche erfüllen. Der Besucher müsse nur den übermannshohen Spalt in ihrem bizarr geformten Stamm durchschreiten. Gleich, welcher Erwachsene dem Versprechen glaubt oder darüber lächelt, Kindern ist es ein außerordentliches Vergnügen. Weniges scheint so anziehend für sie, wie der durch die Macht der Zeit gespaltene Baum und ein vielleicht im nächsten Augenblick geschehendes Wunder. Rasch verlassen sie beim Näherkommen ihre Begleitung und eilen jauchzend auf den für sie torgroßen Riss zu. Kaum ein Kind versäumt, ihn mehrmals zu umrunden.

◀ Betteleiche bei Kammerforst

Alte Buchen im Hainich

Über die Baumgestalt weiß eine Legende: Bettelmönche hatten ihre Klause auf dem Ihlefeld. Sie besaßen keinerlei Eigentum und widmeten ihre Kraft dem Gebet und der Tröstung von Kranken und Sterbenden. Die Menschen der Umgebung dankten es ihnen. Sie brachten Nahrung sowie andere milde Gaben. All dies legten sie an der Eiche nieder, die bald Bettelmönchseiche hieß, weil niemand die Mönchsklause betreten durfte. Damit nichts im Regen oder Schnee verdarb, schufen die Klausner eine Aushöhlung im Stamm, die Hitze und Frost über die Jahrhunderte hin vergrößerten.

Hünenteich bei Mülverstedt (N 51° 06' 39.0" E 10° 28' 16.3")

Hinter dem Parkplatz „Fuchsfarm“ bei Mülverstedt nascht zuweilen der Rothirsch von den süßen Früchten der alten Streuobstwiese. Wanderfreunde folgen dem Frosch-Piktogramm der Wegweiser. Die im wasserarmen Hainich nur an wenigen Standorten vorkommende Amphibie ist das Symbol des 5,5 Kilometer langen Wanderweges „Hünenteich“. Im Frühjahr singt die Wacholderdrossel ihr mit einem kurzen Gelächter endendes Lied. Zwischen Gräsern blühen im Offenland sommers Orchideen. Das seltene rosafarbene Tausendgüldenkraut sprießt auf den Wiesen, über die der gut versteckte Wachtelkönig ein knarrendes „Rerrp-rerrp“ ruft.

Bald schon tritt man in die angenehme Kühle des Hochwaldes ein und wird Teil der faszinierenden Licht- und Schattenspiele seines besonnten Laubdaches. Unzählige Insekten arbeiten am Totholz – an der schnell zersetzbaren Buche mit anderen holzvertilgenden Lebewesen etwa 30 Jahre lang. Unweit des „Kellerlochs“, einer kleinen Erdvertiefung, wird nach einigen Metern ein Wall erkennbar. Er gehörte zur Hünenburg, die im Mittelalter vermutlich eine Fliehburg war. Nun ist es nicht mehr weit bis zum Hünenteich. Die Siedler der Ortschaft Gräverode sollen ihn um 1200 für die Fischzucht angelegt haben.

Erlen fühlen sich besonders wohl an diesem Ort, wo Wildkirsche und Hainbuche die starken Äste über das Wasser halten. Seggen, Binsen,

Hünenteich bei Mülverstedt

Teichrandzone

Röhrichte lässt ein Windhauch erzittern. Die Wasserminze verströmt ihr würziges Aroma. Und ab Mai verzaubert das Gelb der Schwertlilien den Uferbereich.
Häufig ist der ins Gewässer hineinragende Bootssteg besetzt von Naturbeobachtern. Mit einer Flügelspannweite von elf Zentimetern schwirrt die Große Königslibelle durch die Luft, erkennbar an ihrer lindgrünen Brust und dem hellblau-schwarzen Hinterleib. Der kahnförmige Gelbrandkäfer, der unter den Flügeldecken Luft speichert, wartet da, im kühlen Nass an eine Pflanze geklammert auf Beute, die schon mal größer sein kann als er selbst. Im Feuchtgebiet wurde sogar der menschenscheue Schwarzstorch gesehen. Um ihm zu begegnen, muss man in den Frühjahrsmonaten zum Hünenteich wandern, wenn der Bergmolch im Prachtkleid, mit blau gefärbtem Rücken, unter Wasser auf Brautschau geht.

Unstruttal zwischen Nägelstedt und Großvargula

(N 51° 06' 27.5" E 10° 43' 17.1")

Eine verliebte Nixe schuf die Unstrut, erzählt eine Sage. Die Wasserfrau gebot ihrer Quelle im Eichsfeld überzulaufen und begleitete auf den Fluten einen jungen Mann, der versprochen hatte, sie zu heiraten. So sehr ihm die Schönheit seiner Braut schmeichelte, er wollte nicht für immer am Gewässergrund leben. Deshalb gab er vor, etwas regeln zu müssen und eilte davon. Wohin er auch lief, das Quellwasser verfolgte ihn. An Mühlhausen, Langensalza und Nägelstedt ging es vorbei. Dann kamen Artern und Freyburg. Und als er bei Naumburg die Saale erreichte, nahm ihn die Nixe zu sich hinab. Es heißt, die beiden stiegen alle 100 Jahre während heller Mondnächte aus dem Wasser. Und wer sie sähe, wäre verblüfft über die Innigkeit ihrer Umarmungen und Küsse.
Bis sie in die Saale mündet, legt die Unstrut 192 Kilometer durch Thüringen und Sachsen-Anhalt zurück. Sie entwässert das Thüringer Becken, kleinere Teile des Harzes und des Thüringer Waldes. Das schmale

Unstrut bei Nägelstedt

Weidenbaum am Ufer

Kerbtal zwischen Nägelstedt und Großvargula zählt zu den reizvollsten Flussabschnitten. Der Unstrut-Radwanderweg führt hier entlang und lädt zur behutsamen Erkundung des unter Schutz gestellten Terrains ein. Fußgänger beginnen ihren Weg meist an einem Gasthaus in Ufernähe oder von der Lohmühle her. „Onestrudis" wurde das Gewässer vor einem Jahrtausend genannt. Die Bezeichnung verwies auf ein ausgedehntes Sumpfdickicht. Später in „Unestrude" abgewandelt, fand der Name allmählich seine heutige Form.

Durch Streuobstwiesen führt der fünfeinhalb Kilometer lange Pfad nach Großvargula und süß steigt zum Sommerende der Duft reifer Früchte in die Nase. Üppig gedeihen verschiedene Apfel- und Pflaumensorten an diesem Ort. Über dem reichlichen Fallobst flattern Schmetterlinge und suchen gesättigt einen Ruheplatz – entweder im Erlenbruchwald des südlichen Talrandes oder bei ehemaligen Weinbergen und den Auenwiesen am Nordhang mit den alten Kopfweiden, deren rissige, kurzgehaltene Stämme an Tiere und Fabelwesen erinnern.

Im Tal zwischen Nägelstedt und Großvargula

Von April bis Mai ziert diese Talflanke ein leuchtend gelber Blütenteppich aus Frühlings-Adonisröschen. Im August wächst die halbmeterhohe Goldhaar-Aster in großen Beständen und ab Herbstbeginn ist der blau blühende Fransenenzian zu finden. Igel und Glattnatter bewohnen das Revier. Und setzt sommers die Dämmerung ein, fliegen die schwach leuchtenden Männchen des Großen Leuchtkäfers auf und werden von den viel kräftigeren Lichtsignalen der am Boden sitzenden Weibchen angezogen.

Krämerbrücke, Alte Synagoge und Dom Erfurt

(N 50° 58' 44.3" E 11° 01' 57.4")

Am frühen Morgen, wenn die Altstadt von Erfurt noch schläft, taucht die Wasseramsel, die Naturliebhaber eigentlich nur in streng geschützten Naturräumen erwarten, unterhalb der Krämerbrücke im Breitstrom, wie die Gera an dieser Stelle heißt. Sie macht ihre Knickse, als würde sie

Auf der Krämerbrücke

Breitstrom und Krämerbrücke

sich vor dem Wasser verbeugen. Und sobald das Ufer von mehreren Menschen aufgesucht wird, verschwindet sie.

Spätestens zehn Uhr herrscht auf der Krämerbrücke starker Besucherandrang. Ursprünglich aus Holz, bekundet ein Schriftstück von 1325 eine Steinbrücke mit sogenannten Fachwerkbuden und zwei Kirchen samt Toreinfahrten an den Brückenenden. Vom Norden her kann man am besten das 125 Meter lange Bauwerk betrachten. Es zu überqueren, heißt, der Illusion zu erliegen, in einer ebenerdigen, mit Häusern durchgehend bebauten Gasse der Altstadt zu sein.

Aus den im 14. Jahrhundert sehr schmalen zweiundsechzig Brückenhäuschen wurden durch Umbau und Zusammenlegung zweiunddreißig. Ihre Galerien und Handwerkerläden bieten heute noch Silber, Gold und durch thüringischen Waid blaugefärbte Stoffe an, um eine Verbin-

Thora in der Dauerausstellung der Alten Synagoge ▶

Goldschatz in der Alten Synagoge

dung zum 13. bis 17. Jahrhundert zu knüpfen, als der Wohlstand Erfurts auf dem Färberwaidhandel beruhte. Von jenen zwei Brückenkopf-Kirchen, die den Handelsweg über das Wasser sicherten, der Teil der Via Regia war, blieb allein Sankt Ägidien an der Ostseite erhalten.

Erst 2007 wurden neben der Krämerbrücke die Reste einer mittelalterlichen Mikwe, eines rituellen jüdischen Tauchbades, gefunden. Unter dem Tonnengewölbe eines Hauses stiegen einst Frauen oder Männer die Stufen zu einem von der Gera gespeisten Wasserbecken hinab. Durch das Fenster eines modernen Schutzbaus können Wissbegierige in die Mikwe schauen. Einer ihrer Werksteinblöcke zeigt ein romanisches Männerporträt: Die 28 Zentimeter große Plastik trägt eine Lilienkrone, weshalb sie als Abbild des Königs David gedacht wird. Gemeint ist jener David, der einer Bibelgeschichte zufolge den Riesen Goliath mit der Steinschleuder besiegte und König von Juda und Israel wurde.

Nur 120 Meter sind es von dem Ritualbad bis zur Alten Synagoge in der Waagegasse Nummer 8. Sie war um 1100 entstanden, erhielt im 13. Jahrhundert ihr frühgotisches Aussehen und zählt zu den ältesten

Romanische Madonna im Dom von Erfurt

Synagogen im mitteleuropäischen Raum. Seit 2009 ist das Gebäude ein Museum und lädt ein, die Geschichte und Kultur der Erfurter jüdischen Gemeinde kennenzulernen. Sie bewohnte das Areal rund um die Krämerbrücke. Bereits im 13. Jahrhundert der Verfolgung ausgesetzt, musste sie am 21. März 1349 die Stürmung ihres Quartiers erleiden. Das jüdische Viertel brannte nieder. Keines der etwa neunhundert Gemeindemitglieder überlebte. Die Synagoge wurde von dem nachfolgenden Besitzer zu einem Speicherhaus umgebaut.
Im Obergeschoss des Museums studieren die Gäste originalgetreue Nachbildungen wertvoller Dokumente und hebräischer Handschriften, unter anderem eine Thorarolle, das im Schrein jeder Synagoge aufbewahrte, heiligste Buch des Judentums. Ebenfalls auf Pergament geschrieben, – mit Tinten aus Gallusapfel, Eisensalzen und Harz, für verschiedene Farbtöne wurden die Schalen von Früchten oder Baumrinde, Ruß und Essig verwendet, – liegt die aus zwei Bänden bestehende und pro Buch 50 Kilogramm schwere Bibelhandschrift „Erfurt 1“ in der Vitrine. Ihr Original von vor 1349 verwahrt die Berliner Staatsbibliothek.

Ergriffen von der Geschichte der jüdischen Gemeinde, betreten Besucher den Keller der Alten Synagoge, wo der Schatz des Kalman von Wiehe ausgebreitet liegt. Vermutlich am 21. März 1349 in großer Eile vergraben, ruhte er etwa 650 Jahre unter Mauerresten eines alten Hauses auf dem Grundstück Michaelisstraße 43/44. Silberbarren und französische Münzen, eine kleine Dose aus dem 14. Jahrhundert, die ein Liebespaar auf einer Bank zeigt, ein mittelalterliches Kosmetikset, eine Trinkschale und viele andere Artefakte, gebettet in Lichtinseln, scheinen auf die Betrachter zuzukommen.

Die größte Kostbarkeit ist im Zentrum des Raumes zu finden: ein jüdischer Hochzeitsring. Den Reif zieren zwei geflügelte Drachen, die ein Haus tragen. Die feine gotische Goldschmiedearbeit ist aber nicht nur für die Augen ein Ereignis. Wird der Ring bewegt, erklingt eine kleine Kugel im Innern.

Wenn man anderntags zum Erfurter Dom Sankt Marien gelangt, tut sich ein anderes Universum auf. Der Teufel sitzt in seinem Chorgestühl, ein wenig entfernt von musizierenden Engeln. Die Kirchenfenster im Chor gehören zu den bundesweit ältesten. Rätsel gibt die gotische Grabplatte

Blick zum Erfurter Domberg

des Grafen von Gleichen auf, der mit zwei Frauen abgebildet wurde. Beleuchtung lenkt die Aufmerksamkeit der Domgäste zur Stuckmadonna aus der Zeit der Romanik; Firmament umspielt die thronende Marienskulptur und das Christuskind. Zu hohen Feiertagen oder Neujahr ertönt die berühmte Gloriosa, die „Königin aller Glocken". Sie macht den Anfang des sechsstimmigen Hauptgeläuts. Und viele Erfurter halten kurz inne und lauschen dann ihrem vollen Klang.

Menhir von Buttelstedt (N 51° 04' 52.0" E 11° 20' 50.4")

Manchmal fliegt vom Sportplatz am Ortsausgang Buttelstedts der Fußball über den Maschendrahtzaun und rollt auf die Kölledaer Straße, an der ein etwa 4000 Jahre alter Zeitzeuge steht. Der säulenförmige Menhir wirkt sonderbar deplatziert. Tatsächlich stand er früher auf einer Anhöhe und soll weithin sichtbar gewesen sein; vermutlich auch für Reisende, die auf dem alten Fernhandelsweg von Frankfurt am Main nach Leipzig über Buttelstedt unterwegs waren.

Er ragt etwa 2,5 Meter aus der Erde und trägt eine Bruchstelle wie eine Narbe. Versinterte fossile Pflanzenreste bilden feinste, mit dem Licht spielende Muster. Der Menhir besteht aus Süßwasserkalk, thüringischem Travertin. Auffällig sind Spuren weißer Farbe, mit der er vor wenigen Jahrzehnten angestrichen wurde.

Lange Zeit als Grenzstein oder Wegmarke Orientierung bietend, bleibt die ursprüngliche Bedeutung des Monolithen ein Rätsel. Möglich ja, dass er ein Totenstein war, der am Kopfende eines Grabes stand, überlegen die Buttelstedter. Nach alten Vorstellungen verließ der Verstorbene sein Grab in der Gestalt des Seelenvogels und nahm vom hohen Stein aus teil an den Festen der Lebenden.

Die nicht weniger gebräuchliche Bezeichnung „Wetzstein" verbindet sich mit einer Sage, der zufolge zwei Riesen auf umliegenden Bergen das Gras mähten und der eine dem anderen zurief, den Stein zum Schärfen der Sense mal rüberzuwerfen. Der Stein ging aber noch vor seinem Ziel zu Boden und blieb stecken.

Menhir von Buttelstedt

Alter Friedhof Buttstädt (N 51° 07' 08.9" E 11° 25' 04.0")

Seit dem 15. Jahrhundert für seine Märkte zu Johannis, Michaelis und Allerheiligen bekannt, gewann Buttstädt rasch Bedeutung im europäischen Viehhandel. Allein zum Festtag Allerheiligen, der am 1. November gefeiert wird, bot man bald Tausende Rinder an, die bis aus Ungarn oder Polen herbeigetrieben wurden. Von Kaisern und Landgrafen bestätigte Privilegien ließen die Wirtschaft der kleinen Ackerbürgerstadt florieren. Und nach dem Dreißigjährigen Krieg erwarb sie gar das Recht, einen vierten Jahrmarkt abzuhalten – den Fastenmarkt. In dieser Zeit wandte sich Buttstädt dem Pferdehandel zu, was den Wohlstand weiter mehrte.
Der Vereinigung mit dem Nachbarort Wendenstadt folgte die Einrichtung eines gemeinsamen Friedhofs, der um 1592 erweitert werden musste. Unter dem Einfluss der Schriften Martin Luthers erlebte Mitteldeutschland damals eine Hinwendung zu Begräbnisstätten, die außerhalb der Siedlungen lagen. Die Menschen nannten sie kurz „Gottesacker". Ihre Verwaltung oblag nicht mehr der Kirche, sondern den Bürgermeistern und Räten.

Am Eingang des Alten Friedhofs

Detail eines Grabsteins

Jener Alte Friedhof von Buttstädt gilt heute als Kostbarkeit. Nach italienischem Vorbild angelegt und ausgestattet, prägt den Campo Santo – was übersetzt Heiliges Feld bedeutet – eine baukünstlerische Qualität, die in Deutschland sehr selten ist. Das letzte Totengeleit fand hier am 2. Juni 1861 zum Begräbnis der Tochter von Böttchermeister Beltz statt. Und die Schließung des Stadtgottesackers im gleichen Jahr gab ihn für lange Zeit dem Verfall preis.

Besucher, die die graue Doppelflügeltür unter dem schieferverkleideten Torturm durchschreiten, erleben das zur Linken und Rechten von hellfarbenen Kolonnaden begrenzte Geviert als ein Refugium gefühlvoller Abschiede. Sie blicken auf eine Bühne der Vergänglichkeit, ein Theatrum mundi, das man als Metapher für das menschliche Dasein im Zeitalter der Renaissance häufig gebrauchte.

Das Zusammenspiel von säulengetragenen Arkadengängen, Stelen, dunkel getönten Obelisken und einer üppigen Pflanzenvielfalt wirkt sehr anziehend. Keineswegs will der Gottesacker nur an das Totenreich mahnen. Auch die Lebenden finden hier Raum, wenn sie durch die Welt steingewordener Wünsche und Träume spazieren.

Blick über die Friedhofswiese

Ein geflügelter Chronos erwartet auf einem Rokoko-Grab die Gäste inmitten der leicht abfallenden Wiesenfläche. Nicht weit entfernt vergießt die schöne Tugend steinerne Tränen. Die Totenschädel eines Obelisken überwuchern blassgrüne und gelbe Flechten, während die Schatten gewaltiger Eichenkronen unmerklich langsam darüber hinwegwandern. Und für Augenblicke scheint es, dass die Zeit stillsteht zwischen den etwa hundert erhaltenen Grabplatten und Gedenksteinen, deren Entstehung von der Renaissance bis zur Romantik reicht.

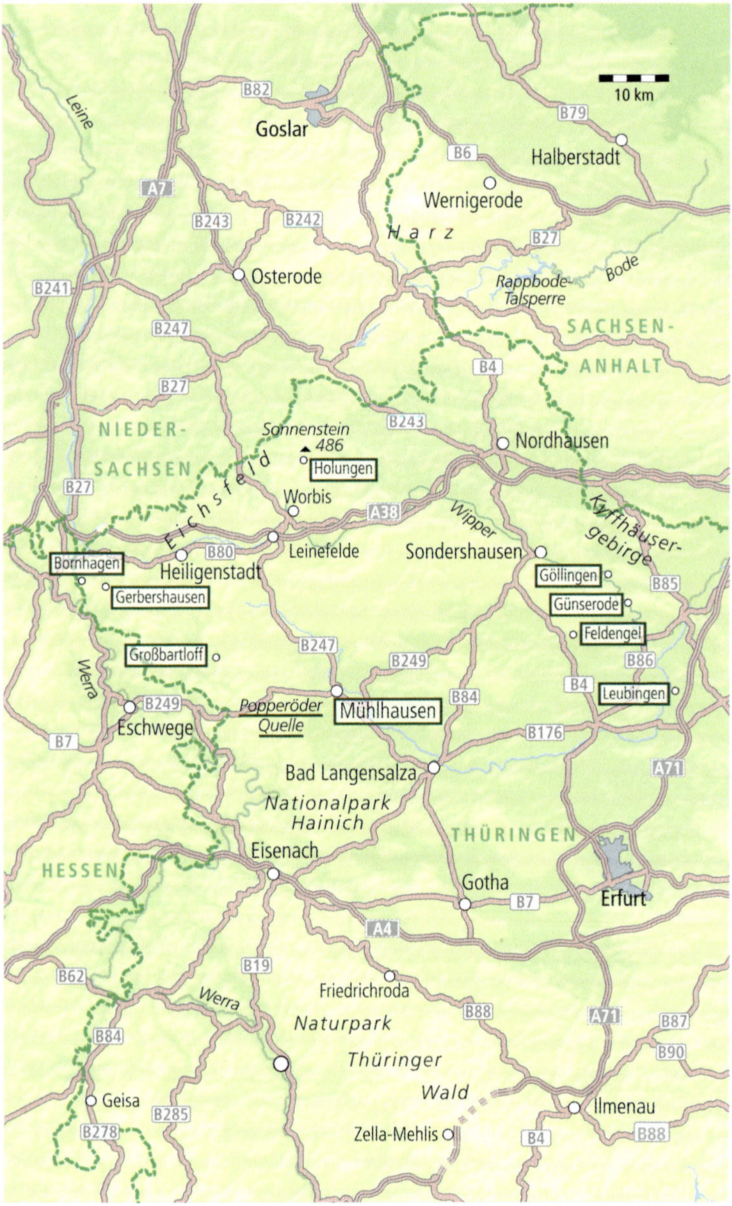
10 km
Goslar
Halberstadt
Wernigerode
Harz
Osterode
Rappbode-Talsperre
Bode
SACHSEN-ANHALT
NIEDER-SACHSEN
Sonnenstein 486
Holungen
Nordhausen
Eichsfeld
Worbis
Leinefelde
Wipper
Kyffhäuser-gebirge
Sondershausen
Bornhagen
Heiligenstadt
Gerbershausen
Göllingen
Günserode
Feldengel
Großbartloff
Leubingen
Werra
Eschwege
Popperöder Quelle
Mühlhausen
Bad Langensalza
Nationalpark Hainich
THÜRINGEN
Eisenach
HESSEN
Gotha
Erfurt
Friedrichroda
Naturpark Thüringer Wald
Geisa
Ilmenau
Zella-Mehlis
Leine

Route 4

Leubingen, Feldengel, Mühlhausen, Großbartloff, Bornhagen, Gerbershausen, Holungen, Göllingen, Günserode

Leubinger Fürstengrab (N 51° 11' 26.7" E 11° 10' 11.7")

Wie der Rücken eines großen schlafenden Tieres erhebt sich im Zentrum des Thüringer Beckens bei Sömmerda, neben der Autobahn 71, ein Hügel in der fruchtbaren Landschaft. Vor knapp 4000 Jahren war hier im Schutz einer hölzernen Totenhütte ein Mann bestattet worden, den für seinen Aufenthalt im Unendlichen Goldgegenstände und bronzene sowie steinerne Artefakte umgaben.

Die Größe und der im Vergleich zu anderen bronzezeitlichen Gräbern der Umgebung ungewöhnliche Reichtum lassen die Grablege eines Fürsten vermuten. Der obere Teil des Hügels wies Nachbestattungen auf: mit Silberschmuck und Perlen reich versehene slawische Gräber, angelegt zwischen 700 und 1000 nach Christus.

Eine Rekonstruktion des Leubinger Fürstengrabes im Weimarer Museum für Vor- und Frühgeschichte erlaubt, in die zeltartige, mit Schilf und Steinen bedeckte Totenhütte aus Holz hineinzublicken. War das auffällige Tongefäß in der Grabkammer einst mit Speisen gefüllt – zur Versorgung im Jenseits? Bezeugen Meißel und Amboss in der Nähe des Toten eine Verbindung zur Metallurgie?

An einigen Schulen der Umgebung wurde vor wenigen Jahren das Fürstengrab noch mit einer Doppelbestattung beschrieben. Quer über die Hüften des Fürsten lag nach Angaben des Jenaer Universitäts-Professors Friedrich Klopfleisch, der 1877 den Leubinger Grabhügel untersucht hatte, ein zehnjähriges Kind. Ein Jahrhundert lang entzündete diese Darstellung die Fantasien. War es die Ruhestätte eines Vaters mit seinem gleichzeitig verstorbenen Kind? Oder handelte es sich bei dem Kind um ein Opfer, das seinen Herrn im Totenreich bedienen sollte?

Leubinger Fürstengrab

Tatsächlich gibt es bis heute für ein Kind im Fürstengrab keinen sicheren Beleg. Selbst das Grabungstagebuch des Jenaer Professors enthält keinen Hinweis darauf. Was es mit der späteren Darstellung Klopfleischs, die zwei Menschen in der Totenhütte zeigte, auf sich hat, bleibt ein Rätsel.

Der Fürst von Leubingen wird als Angehöriger der Aunjetitzer Kultur gesehen. Diese bronzezeitliche Kultur, nach dem tschechischen Ausgrabungsort Únětice bei Prag benannt, erlangte durch einen Fund im Jahr 1999 weltweit Aufmerksamkeit. Die Himmelsscheibe von Nebra, jene in Halle an der Saale im Landesmuseum für Vorgeschichte ausgestellte erste konkrete Darstellung des Alls – mit dem Siebengestirn der Plejaden sowie anderen Sternen, der Mondsichel und einem Boot, das frühen Vorstellungen zufolge die Sonne über ein kosmisches Meer trägt.

Goldanteile der Himmelsscheibe und der Schmucknadeln des Leubinger Grabes stammen aus dem englischen Cornwall und wurden sogar in der gleichen Mine abgebaut.

Nur 30 Kilometer liegen zwischen Leubingen und Nebra. Verfügte der Fürst über das astronomische Wissen der ursprünglichen Fassung der Himmelsscheibe, war ihm also die Bestimmung des Schaltjahres möglich? Es ist nicht auszuschließen, dass die Ernten der Bauern im Thüringer Becken vor 4000 Jahren von solchem Kalenderwissen profitierten.

Feldengel (N 51° 16' 54.2" E 10° 56' 41.9")

Vor den bewaldeten Muschelkalkbergen der Hainleite liegt das Dorf Feldengel. Es schmiegt sich mit drei weiteren Engel-Orten den ertragreichen Fluren zwischen Helbe und Wipper an. Wester-, Kirch- und Holzengel heißen jene Nachbargemeinden.

Etwa 650 Meter hinter der Ortschaft führt von der Landstraße nach Holzengel ein Pfad zu einem alten Mirabellenbaum. Seine unteren Zweige berühren einen weißen Menhir. Ebenfalls Feldengel geheißen, regte der 2,11 Meter hohe und 80 Zentimeter breite Stein aus Kalktuff zu vielerlei Mutmaßungen an. Etwa der, er könnte der Gegend den Namen gegeben haben. Hell, schmal und hoch, wie er da steht, erscheint er manchem Betrachter gar als das Bildnis eines Engels. Einige deuten ihn als Heiligtum. Andere sehen in ihm eine Grenzmarkierung oder Grabstätte.

Gen Süden bis zum Horizont reichende Äcker sind mit Raps, Mais und Weizen bestellt. Zu großen Ballen gepresst, wartet die Heuernte als Wintervorrat auf den Wiesen. Und die Blüte der Obstbäume lässt Tausende Insekten die laue Luft durchsummen.

Neuneinhalb Jahrhunderte besteht die Siedlung Feldengel schon. Die Ersterwähnung reicht ins Jahr 1061 zurück. Eingewanderte Angeln liehen der Region einst den Namen. „Engilin", „Engleheim" und „Englide" wurde der Landstrich genannt. Bereits 802/803 verweist das im Auftrag von Kaiser Karl dem Großen niedergeschriebene Stammesrecht der Thüringer, die Lex Thuringorum, auf diese Siedler.

Lange Zeit lebte die Bevölkerung der Gegend vom Anbau des Färberwaids – „Thüringens goldenem Vließ". Ihm verdankten Städte wie Er-

Feldengel

Detail des Menhirs

Mirabellenblüte

furt oder Görlitz ihren Glanz. Und wegen seiner Ergiebigkeit wurde er bis Paris und Nowgorod gehandelt.

Popperöder Quelle und Altstadt Mühlhausen

(N 51° 12' 03.7" E 10° 25' 03.8")

Ehe die Morgensonne über das Popperöder Brunnenhaus steigt, zieht das amphitheatergleiche Rund der ihm vorgelagerten stufenförmigen Quelleinfassung bereits Besucher an. Ausdauerläufer dehnen geduldig die Muskulatur, während sie das 1614 von Hans Rinke und Matthes Lauberbach erbaute einstöckige Lusthaus mit seinen Stützbögen, Erkern und spitzen Dachhelmen mustern. Durstige schöpfen aus der Quelle. Und etliche Gäste füllen eine erstaunliche Zahl kleiner und großer Kanister, die sie zu ihren Autos tragen.
„Es ist das beste Trinkwasser der Gegend", raunt einer davon seiner Begleitung zu. Entzückt ruft ein Mädchen nach der Mutter und zeigt ihr

Popperöder Quelle

Mühlhäuser Marienkirche

Königsgalerie

zwei weiße Brautsträuße, die über den Schlingpflanzen am smaragdfarbenen Quellgrund schweben. Golden, silbern und kupfern blinken Münzen dort unten und geben preis, dass dies ein Born geheimer Wünsche ist. Einige gingen wohl schon in Erfüllung durch eine Hochzeit im Brunnenhaus. Andere wurden vielleicht gerade erst einem Geldstück anvertraut und ins kühle Nass versenkt.

Laut Überlieferung trat der Quell 1199 infolge eines Erdbebens zutage. Vorhandene Hohlräume stürzten ein und bildeten eine Bodensenke, die sich mit Wasser füllte. Bald kamen die Menschen der Gegend zusammen, um an diesem Platz Erfrischung zu finden. Und bis in die Gegenwart ehrt man den Brunnen durch ein Fest, das alljährlich im Juni stattfindet.

Parallel zur Straße nach Wanfried, dem ehemaligen Binnenhafen von Mühlhausen, strömt das Wasser im Popperöder Bach der Mühlhäuser Altstadt zu. Dabei passiert es den bei Anglern oder Campingfreunden beliebten Schwanenteich und wird nach etwa vier Kilometern und der Unterquerung der städtischen Verteidigungsanlagen zur sogenannten „Schwemmnotte". Diese Verwandlung führen Ortskundige auf die ursprüngliche Bezeichnung des Baches zurück: „swelmena".

Wehrturm der Stadtbefestigung

Der Wasserlauf versorgte die dem mächtigen Hansebund seit 1430 zugehörige Stadt mit frischem Wasser und trieb südwestlich vor ihren Mauern Schneide-, Mahl- und Pulvermühlen an. Es heißt, dass Ende des Frühmittelalters ein fränkischer König die Errichtung der ersten Wassermühle beauftragt hatte, die seiner Pfalz und der ihm unterstellten Siedlung dann den Namen „mulinhoson" gab.

Mehrere Klöster, die Höfe der Deutschen Ordensritter, prachtvoll gestaltete Häuser der Kaufleute und Handwerker prägten über Jahrhunderte das Stadtbild. Ebenso eine Vielzahl Kirchen, deren Glockentürme gemeinsam mit den Wach- und Tortürmen die Altstadt von fern wie eine Zackenkrone erscheinen lassen. Als schönste ihrer Spitzen gilt zweifelsohne der 86,7 Meter aufragende Mittelturm der Marienkirche, der wie ein reich verzierter, riesiger Dorn zum Himmel weist.

Bis heute verblüfft Vorüberkommende das vom südlichen Querhausgiebel dieser fünfschiffigen Hallenkirche herabschauende Kaiserpaar. Kinder rufen: „Sieh mal, da oben!" Sie winken den vier Skulpturen auf der Königsgalerie, von denen die mittleren zwei Kaiser Karl IV. und seine Gemahlin Elisabeth zeigen. Und einige Augenblicke wähnt man, Teil

Gartenhaus auf einem teilweise abgetragenen Wehrturm

des Spektakels eines Kaiserempfanges zu sein, dem kindliche Begeisterung lauten Jubel schenkt.

Ab dem 14. Jahrhundert walteten die Mühlhäuser Ratsherrn schließlich mit allen Befugnissen, auch der Hohen Gerichtsbarkeit und eigener Gesetzgebung. Selbstbewusst setzten sie mit dem Bau des Rathauses über der „Schwemmnotte", die die Ober- von der Unterstadt trennte, ein Zeichen für die Einheit ihrer Stadt. Deren Tuche und feine Lederprodukte waren gefragt und wurden in England, Russland oder Schweden gerne getragen. Immerhin versorgte Thüringens Waidhandel die Textil- und Lederwerkstätten mit einer der begehrtesten Farben jener Zeit – einem leuchtenden Blau.

Erst die Ereignisse des Bauernkrieges setzten der großen wirtschaftlichen Blüte ein Ende. Unter dem Einfluss des Reformators Thomas Müntzer, ab Februar 1525 Pfarrer der Marienkirche, unterstützten die Bürger den Aufstand der Bauern. Wegen dieser Parteinahme erkannte

ihnen ein Fürstengericht nach der Niederlage des Bauernheeres im Mai 1525 bei Frankenhausen und Thomas Müntzers Enthauptung Rechte und Privilegien ab und die Wirtschaft brach zusammen.
Wer den Rabenturm beim Frauentor ersteigt und von der Stadtmauer blickt, spürt noch etwas vom Trutz und Behauptungswillen der Bürger, die für eine gerechtere Welt viel wagten und viel verloren. Beinahe acht Jahrhunderte umgab die an Ober- und Untermarkt entstandenen Siedlungsbereiche eine gemeinsame Verteidigungsanlage. Gleich einem festen, hellen Band hielt sie die einst auf einem Höhenrücken nahe der Unstrut gewachsene Pfalz- oder Bergstadt samt Marienkirche und die südlich davon in einer Niederung errichtete Kaufmanns- oder Marktstadt mit der Blasiuskirche zusammen.
Von ehemals zwei Mauerringen sind in Mühlhausen 2,2 Kilometer des inneren Ringes erhalten geblieben. Fast zwei Meter stark und acht Meter hoch, wird die eindrucksvolle Stadtbefestigung durch mehrere Türme und das Frauentor ergänzt. Viele reizt die Aussicht über das rote Dächermeer und die nahen Parkanlagen. Sie erkunden die verwinkelten Wehrgänge, wo auf Turmstümpfen Gartenhäuser ruhen und in den anschließenden begrünten Höfen Anwohner Raum finden, die freien Stunden zu genießen, wenn die Besucher längst wieder davongeschlendert sind.

Lutterfall Großbartloff (N 51° 14' 59.1" E 10° 13' 25.8")

Neben der Landstraße zwischen Effelder und Wachstedt, am Südrand des Eichsfelder Westerwaldes, entspringt die übermütige Lutter. Sie eilt durch ein von Laubbäumen gesäumtes schmales Erosionstal, dessen Hänge aus Kalk- und Mergelstein bestehen, in Richtung Großbartloff. Und bevor sie den über 700 Jahre alten, denkmalgeschützten Dorfkern erreicht, stürzt sie sich an der Spitzmühle eine fast zehn Meter hohe Travertinwand hinab in eine kleine, schattige Schlucht.

Am Lutterfall in Großbartloff ▶

Lutter

Ob als reißender Schwall oder kühles Rinnsal, ganz nach Niederschlag und mitgeführter Wassermenge, der Lutterfall lässt von seinen Felsvorsprüngen an Nixenhaar erinnernde Pflanzen wachsen sowie auf jeder bloßliegenden Steinfläche grüngolden leuchtendes Moos gedeihen. Frühere Hochwasser haben die verschlungenen Wurzeln der umstehenden Buchen freigelegt und deren abgeworfenes Blattwerk deckt rötlich den steil abfallenden Erdboden. Orange leuchtet Ahornlaub, das, in Mulden gesammelt, allmählich vergeht.

Hier streift die Gebirgsbachstelze scheu am steinigen Ufer entlang. Sie jagt emsig Käfer oder Libellenlarven. Hart und metallisch schallt ihr Rufen aus der Talkerbe und das hellgelb zu grau kontrastierende Prachtkleid blitzt im Sonnenlicht. Wie ein Tanz wirkt der typische Wippgang des Vogels. Ihr Nachbar dagegen, der nur neun Gramm schwere Zaunkönig, hält wenig von Zurückhaltung. Er schmettert seine Triller und hohen Tonkaskaden mit solcher Kraft, dass Beobachter ihm den Gesang kaum glauben mögen, wenn er hervorkommt, die Flügel zu vibrierenden Fächern gespreizt, um sein Revier zu verteidigen.

Es ist ein winziges Refugium von großem Reichtum und scheinbar jeden Einsatz wert. Denn schon in der Ortslage gewinnt das Tal mehr Weite. Neue Gewässer fließen zu, wie der kleine Rotten- und der Wolfentalsbach. Und wenige Kilometer weiter westlich geht vor Geismar die Lutter in der Frieda auf, einem Zufluss der Werra.

Burgruine Hanstein und Teufelskanzel (N 51° 20' 20.0" E 9° 56' 26.9")

Vom Turm der Burgruine Hanstein schweift der Blick über das Eichsfeld, nach Hessen oder Niedersachsen. Bei klarer Sicht kann man den Brocken im Harz sehen. Ein Rotmilan überfliegt das Grüne Band, jene Perlenkette von Biotopen entlang der ehemaligen innerdeutschen Grenze. Lange Zeit war die Ruine militärisches Sperrgebiet und nur aus der Ferne zu betrachten, weswegen es für viele Thüringer ein Bedürfnis ist, ihr einen Besuch abzustatten.

Grenzstreitigkeiten oder gar -kämpfe kannte dieses Gebiet bereits im

Burgruine Hanstein

Mittelalter, wie der auf dem Nebengipfel in Hessen als Gegenwehr errichtete Ludwigstein, benannt nach dem Landgrafen Ludwig I., verrät. Die Baugenehmigung und das Erbherrenrecht für ihre Burg erhielten Heinrich und Lippold von Hanstein vom Mainzer Erzbischof im Jahr 1308. Zugleich übertrug ihnen der Landesherr die Aufgabe, die zum Erzbistum Mainz gehörenden Territorien im Eichsfeld zu verteidigen.
Innerhalb von 200 Jahren entstand eine der größten Festungen Mitteldeutschlands. Steinmetzzeichen belegen zwar noch im 16. Jahrhundert bedeutende Bauaktivitäten, doch bald gaben die Eigentümer ihre trutzige Residenz zugunsten moderner Adelssitze auf und der Hanstein begann zu verfallen.
Im Dreißigjährigen Krieg beschoss schwedisches Militär die Burg. Als wüst und unbewohnt galt sie im Jahr 1683. Das hielt die von Hanstein nicht davon ab, im 19. Jahrhundert einen Rittersaal einzurichten, der bis heute für Familienzusammenkünfte genutzt wird.
Beliebtes Ausflugsziel war das Bauwerk schon zu Zeiten Alexander von Humboldts. Heinrich Heine, die Gebrüder Grimm, Robert Koch und

Burginnenhof

Teufelskanzel bei Gerbershausen

viele andere Persönlichkeiten standen zwischen den hohen Wänden seines engen, schattigen Innenhofes.

Rätselhaftigkeit verströmt das Gemäuer. Die Fantasie versucht, an manchen Stellen das Fehlende auszugleichen. Aufregende Wechsel erfährt der Gast, wenn er die beklemmend schmale Wendeltreppe des Nordturms in teils gebückter Haltung erklimmt und am höchsten Punkt die Sicht über das Dreiländereck genießt.

Wenige Kilometer südlich strömt die dunkle Werra fröhlich durchs Land. Ein 2,7 Kilometer langer Weg mit mäßiger Steigung führt vom Parkplatz der Burgruine über den Kamm des Höheberges zur Teufelskanzel. Der Sage nach verlor der Teufel den Steinblock, von dem er den Hexen zu Walpurgis predigte, während der Reise vom Brocken zum Hohen Meißner.

Gleich nebenan, auf der weiträumigen Terrasse der von Wald umgebenen Berghütte, essen Kinder Eis mit frischen Erdbeeren, nachdem sie den urigen Felsen mehrmals erklettert haben. Eine sportliche Übung, der auch die Erwachsenen nicht widerstehen können. Die größten Kletterkünstler an diesem Ort sind jedoch die sich am Felsgestein festhaltenden Bäume. Die Teufelskanzel liegt 452 Meter über NN. Von ihrer Plattform aus sieht man die Werra, deren hufeisenförmiger Verlauf einem Fußabdruck Satans zugeschrieben wird.

Sonnenstein und Skywalk bei Holungen

(N 51° 29' 41.5" E 10° 23' 09.4")

Wer der Porta Eichsfeldica zustrebt, die zwischen Sonnenstein und Ohmgebirgsplateau den Weg freigibt zur Goldenen Mark hinter Duderstadt, durchstreift ein Land der Riesen, so die Legende. Ob die gewaltigen Wesen betrunken ein heiliges Tier mit Pfeil und Bogen erlegten und dafür Wohnburg und Leben verloren oder nur Staub von den Riesenkleidern klopften und dadurch Berge entstehen ließen, in dieser Gegend begegnet man dem Großen furchtlos und offen.

Skywalk auf dem Sonnenstein

Jener Hügel, der dem Sonnenstein gegenüberliegt und den die Einheimischen „Himmelsberg" nennen, soll direkt vom Himmel herabgekehrt worden sei. Es sind aber die kleinen Erscheinungen, die der Sonnenstein und seine Nebenerhebungen als Wunder bereithält, etwa das Kalk-Blaugras, das mit seinen blauvioletten Ähren sowie kahnförmigen Blättern an den Muschelkalkfelsen Bänder bildet und dessen Wurzeln das brüchige Gestein zusammenhalten.

Wildrosen und Weißdorn mit roten Früchten säumen den Pfad. Der Schlehdorn gedeiht am Hang, dieser selten gewordene, zur Blütezeit wie von Schnee überwehte Strauch. Er wird von Schmetterlingen und dem Goldglänzenden Rosenkäfer besucht. Der besonders geschützte Neuntöter, das Männchen fällt durch einen schwarzen Augenstreif und rostroten Rücken auf, baut im Schlehengesträuch sein Nest. Am Hufeisenklee knabbert die eher unscheinbare Raupe des Silbergrünen Bläulings und die Chancen stehen gut, den schönen Falter fliegen zu sehen.

Wie kleine Sonnen auf der Wiese wirken die Blütenköpfe der Golddistel mit ihren strahlenförmigen Hüllblättern, die sich bei Regen hochstellen. Und noch im Oktober überrascht die Natur, wenn der Deutsche Kranz-

Blick über die Porta Eichsfeldica

enzian mit seinen vielen Trichterblüten den Magerrasen schmückt. Als Riesin erscheint die Türkenbundlilie, deren Name auf ihre turbanförmigen Blüten verweist. Sie wird bis zu 1,5 Meter hoch und ist weithin gut erkennbar.
Der Aufstieg zum Sonnensteingipfel vom unterhalb des Berges angelegten Parkplatz wächst leicht von 15 Minuten auf 60 an, schenkt man den Hangwiesen und dem Gesträuch Aufmerksamkeit. Das Hochplateau zeigt noch die Spuren ehemaliger Nutzung. In der Frühzeit entstand hier eine Wallanlage, die sogenannte Urbenschanze.
Selten ist die Bank am zehn Meter hohen Gipfelkreuz frei. Die harmonische Doppelerhebung der Alten und Neuen Gleichen bei Göttingen zeigt sich am Horizont. Die meisten Besucher werden vom Skywalk angezogen, der eine 33 Meter tief abfallende Felsklippe krönt. Bis zum Talgrund sind es circa 100 Meter. Brüstung und Boden des Steges bestehen aus zentimeterdickem Verbundsicherheitsglas. Dennoch wirkt jeder Gang darauf wie ein Wagnis. Viele halten ängstlich den metallenen Handlauf fest, wenn die Konstruktion leicht schwingt. Andere erleben das nur durch Glas getrennte In-der-Luft-Stehen als Abenteuer und schauen fasziniert in den Abgrund. Kinder probieren vorsichtig den ersten Schritt und stürmen dann frohlockend zum Stegende.

Klosterruine Sankt Wigbert Göllingen (N 51° 20' 43.0" E 11° 00' 51.4")

Ein Gedanke von Süden stellt sich ein, kommt man von Sondershausen nach Göllingen. Der romanische Chorturm Sankt Wigberts, der seine Umgebung überragt, winkt die Reisenden heran. Der im unteren Teil massiv quadratische und achteckig nach oben strebende Bau mit seinem byzantinischen Charakter ist in Mitteldeutschland ohne Vergleich.
Es ist ein ausgewählter Ort. Zwischen den Höhenzügen von Wind- und Hainleite beschreibt die Wipper ein Omega. Innerhalb seiner Rundung

Turm der Klosterruine Göllingen ▶

Säulenkapitell mit Spiralenornamenten

war das Kloster Sankt Wigbert erbaut worden, auf jenem Areal, auf dem in karolingischer Zeit ein Krongut die Ausgaben des königlichen Hofes mit erwirtschaftet hatte. Tilleda, das als „Dullide" der aus Byzanz stammenden Theophanu von ihrem Gatten Kaiser Otto II. zum Geschenk gemacht wurde, liegt nur 13 Kilometer entfernt. Und die Kaiserpfalz Memleben war durch einen eintägigen Fußmarsch erreichbar.
Gunther von Käfernburg, ein um 955 geborener thüringischer Graf, der nach jahrzehntelangem Kriegsdienst für den Kaiser ein Dasein als Bettelmönch und Eremit wählte und sein Vermögen zu Armenhäusern, Schulen und Klöstern wandelte, war der Stifter der Benediktinerprobstei „Gellinge", die der Abtei Hersfeld unterstand. Als Friedensmittler zwischen Ost- und Westvölkern Europas wird er über deutsche Grenzen hinaus noch heute verehrt.
Zu einem Festmahl mit dem ungarischen König Stephan I. habe er, so die Sage, einen gebratenen Pfau mit göttlicher Unterstützung zum Leben erweckt, ihm das schillernde Federkleid zurückgegeben und durchs Fenster entkommen lassen, da er der Aufforderung des Königs, von dem Fleisch zu essen, weder folgen noch widersprechen wollte.

Krypta

Es bedarf einiger Fantasie, sich die ehemalige Klosterkirche vorzustellen: Zwischen dem Chorturm im Westen und Resten der Ostapsis in einem Stallgebäude des 19. Jahrhunderts klafft eine Leere, in die der Besucher eintritt, um das Vorhandene aufzuspüren und zu betrachten. Ein großer Bogen öffnet das Emporengeschoss. Die Kapitelle der vier Säulen an den Seiten zeigen Spiralenornamente. Einstmals sah man von der Empore aus den Kirchenraum.

In die Krypta, unterhalb des erhaltenen Turmes, fällt von Süden her Licht. Sie ist der sichtbar älteste Teil Sankt Wigberts und vor etwa 1 000 Jahren entstanden. Hier geht der helle Muschelkalk der Hainleite eine elegante Beziehung zum rötlichen Buntsandstein ein. Blattwerk, Muscheln und Schachbrettmuster zieren die Säulenkapitelle.

Über eine Wendeltreppe ersteigt man den viergeschossigen Turm, in dem bis 1606 drei Glocken geläutet wurden. Die acht Zwillingsfenster im oberen Teil stellen die Landschaft ringsum in einen außergewöhnlichen Rahmen. Seit Jahrhunderten wirkt nun schon der Kunstgriff des Baumeisters, die Aufgestiegenen allseitig mit dem Himmel zu verbinden. Dies sei nicht ohne Nachwirkungen, meint schmunzelnd ein

Säulenkapitell mit Schachbrettmuster

Gast, den die Schönheit Sankt Wigberts immer wieder nach Göllingen führt.

Wipperdurchbruch vor Günserode (N 51° 18' 28.8" E 11° 02' 54.8")

Ursprünglich eine Rodung des Eremiten Gunther beziehungsweise Günther, woran der Dorfname noch heute erinnert, liegt Günserode südöstlich vom Wipperdurchbruch. Die Landstraße bis Göllingen durchzieht die Ortschaft am Südhang der Hainleite, und der Fluss rauscht, wirbelt und schäumt in seinem von Sträuchern und Bäumen überschatteten Bett. Als „Drehende, Schwingende“ wurde die Wipper wegen der Kraft und der ungestümen Reiselust ihres Wassers bezeichnet, sagen die einen. Andere meinen, der Heilige Wigbert – lateinisch Wippertus – sei ihr Namensgeber gewesen.

Gleich mehrere Quellen in der Eichsfelder Kleinstadt Worbis speisen den Flusslauf. Seine Reise zur Thüringer Pforte bei Sachsenburg, wo er

Im Durchbruchstal der Wipper

Lindenallee am Kohnstein

in die Unstrut mündet, ist gut 92 Kilometer lang. Das Gewässer durchdringt den etwa 210 Quadratkilometer umfassenden Höhenzug der Hainleite von der Ortschaft Seega her.

Entlang der Hauptstraße Günserodes finden Spaziergänger sorgsam erhaltene Fachwerkgehöfte. Vereinzelt blicken von den Fassaden Steingesichter, auch Gaffköpfe genannt, herab. Die Erkundung des Durchbruchstals und der angrenzenden Höhen, wie den Kohnstein oder Mühlberg, beginnen viele unterhalb der Dorfkirche oder am Parkplatz nahe der Wipperbrücke. Die Flussquerung ist Start und Ziel der anderthalbstündigen Wanderung.

Festes Schuhwerk benötigt, wer am gegenüberliegenden Ufer dem mit einem gelben Dreieck markierten Rundweg folgt. Etwa 15 Minuten später wird eine Allee junger Linden erreicht. Sie flankiert den Hohlweg, der zu Streuobst- und Schmetterlingswiesen auf dem Kohnstein führt. Diese Trocken- oder Steppenrasenlandschaft wird gerühmt für ihren Orchideen- und Insektenreichtum. Verschiedene Arten des Knabenkrauts gedeihen neben kniehohem Federgras, dessen langhaarige Grannen wie helle Federbüsche erscheinen. Die äußerst rare Schwarze

Aussicht vom Steilhang des Kohnsteins

Wiesen-Kuhschelle richtet ihre schwarz-violetten Blüten zu Boden, als wollte sie ihn erforschen. Die Blauflügelige Ödlandschrecke begegnet im Revier dem unermüdlich seine Dungkügelchen bugsierenden Matten Pillendreher. Und der ausgelassen umherschweifende Schwalbenschwanz – neben dem Segelfalter einer der größten Schmetterlinge im deutschsprachigen Raum – beeindruckt durch seine Farbenpracht.

Manch Wagemutigen reizt der Blick von den steilen Kalkklippen des Kohnsteins zur Ruine Arensburg. Den Höhenpfad zum Mühlberg säumen Holzpavillons und Bänke, die vor der Rückkehr ins Tal zum Innehalten einladen. Selbst jungen Familien mit Kinderwagen gelingt der herausfordernde Auf- und Abstieg. Sie nutzen die Gelegenheit zur Rast, um eine Weile die Falter und andere geflügelte Insekten zu betrachten, deren Flugdarbietungen von einem Höhepunkt zum nächsten eilen.

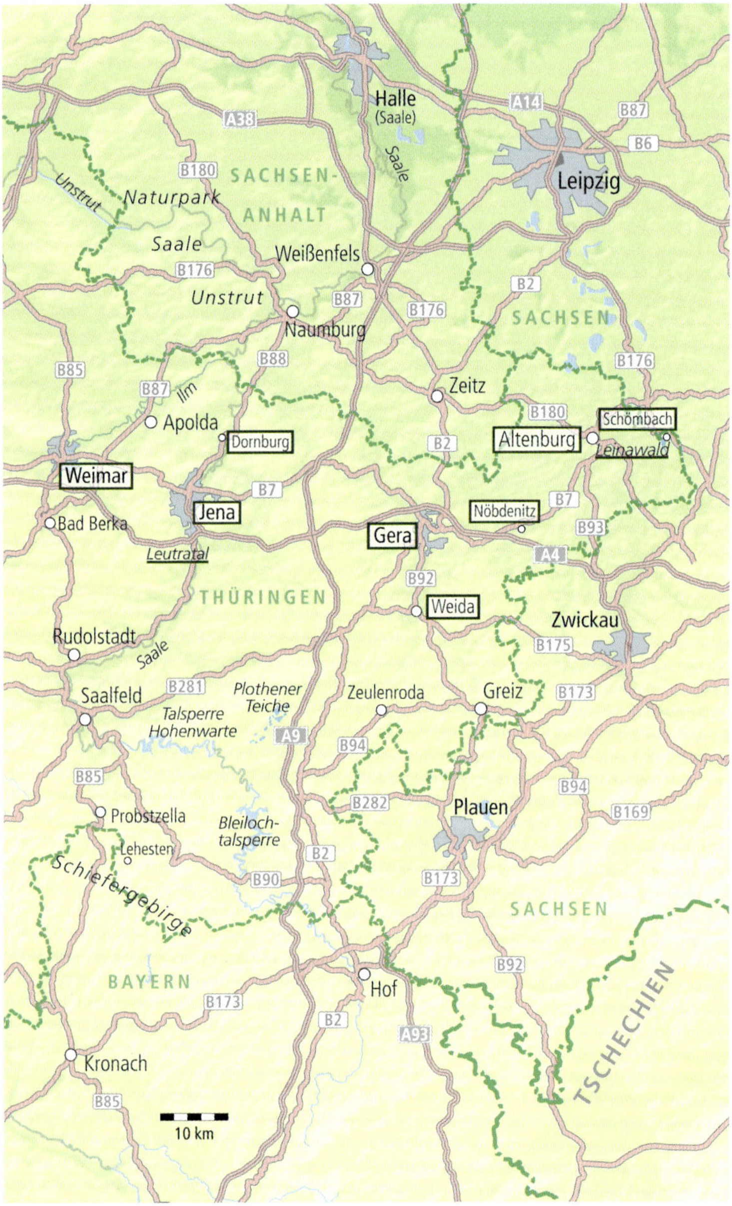
Halle
(Saale)
Saale
A14
B87
B6
A38
Leipzig
B180
SACHSEN-
ANHALT
Unstrut
Naturpark
Saale
Unstrut
B176
Weißenfels
B87
B176
B2
SACHSEN
Naumburg
B88
B176
B85
B87
Ilm
Zeitz
B180
Schömbach
Apolda
Dornburg
B2
Altenburg
Leinawald
Weimar
B7
B7
Jena
Nöbdenitz
Bad Berka
Gera
B93
Leutratal
A4
B92
THÜRINGEN
Weida
Zwickau
Rudolstadt
B175
Saale
Saalfeld
B281
Plothener
Teiche
Zeulenroda
Greiz
B173
Talsperre
Hohenwarte
A9
B94
B85
B94
B282
Plauen
B169
Probstzella
Bleiloch-
talsperre
Lehesten
B2
Schiefergebirge
B90
B173
SACHSEN
B92
BAYERN
Hof
B173
B2
A93
TSCHECHIEN
Kronach
B85
10 km

Route 5

Weimar, Jena, Dornburg, Gera, Weida, Nöbdenitz, Altenburg, Schömbach

Park an der Ilm Weimar (N 50° 58' 28.0" E 11° 20' 19.6")

Früh morgens, wenn die Anwohner der Straße Am Horn erwachen, gleicht der nahe Park an der Ilm einem Orchestergraben. Zwischen Horn- und Schlossberg gelegen, klingt aus der bis zu 300 Meter breiten Niederung eine Fülle rhythmischer Einzeltöne, durchzogen von kurzen Strophenfolgen, effektvollem Schickern oder Ticksen. Eine Heerschar Virtuosen scheint dem orchestralen Einsatz entgegenzufiebern, bis einzelne Ensemblemitglieder längere Tonreihen variieren, die von den übrigen ergänzt und schließlich zu einem symphonischen Ganzen verwoben werden. Wo immer diese gefiederten Musikanten einen Platz in der 48 Hektar großen Gartenlandschaft gefunden haben, die Hingabe an ihre Kunst wirkt grenzenlos. Und selbst in weiter entfernten Arealen wie den Weimarer Schlosshöfen sind sie noch zu vernehmen.

Derart vom Flusstal angezogen, währt die Betrachtung des weißen, von Georg Muche entworfenen Hauses Am Horn nur einige Minuten, auch wenn sich in dem zweckbetonten Musterbau die epochebildenden Stilideen des Bauhauses erstmals offenbarten. Bewunderer wissen, dass das gesamte Interieur Schätze der Bauhaus-Werkstätten sind, von Designern und Kunsthandwerkern wie Laszlo Moholy-Nagy, Marcel Breuer, Alma Buscher oder Theodor Bogler geschaffen. Und es gilt als Muss, zur Öffnungszeit wiederzukommen und dies alles kennenzulernen.

Seitwärts führt ein sanft abfallender Pfad den Besucher zum ehemaligen Gartenhaus des Johann Wolfgang von Goethe. Herzog Carl August von Sachsen-Weimar-Eisenach kaufte Gebäude und Grundstück dem befreundeten Dichter im Jahr 1776, der später darüber schrieb: „Über-

Blick zur Ilm

mütig sieht's nicht aus, / Hohes Dach und niedres Haus; / Allen, die daselbst verkehrt, / Ward ein guter Mut beschert. / Schlanker Bäume grüner Flor, / Selbstgepflanzter, wuchs empor. / Geistig ging zugleich alldort / Schaffen, Hegen, Wachsen fort."

Nicht erst die Reise mit seinem Dienstherren zu den bewunderten Parklandschaften bei Dessau und Wörlitz weckte in Goethe die gärtnerische Gestaltungsfreude. Mit Hingabe widmete sich der zu jener Zeit schon hoch geachtete Autor, angehende Staatsmann und Naturforscher dem herzoglichen Geschenk. Er ließ an seinem Lieblingsort Rosen, Wein und Geißblatt pflanzen. Auch das Konzept für den Ilmpark insgesamt empfing durch ihn maßgebliche Impulse.

Die alten Lustgärten des Weimarer Hofes entlang der Ilmaue wurden, dem Wörlitzer Beispiel folgend, allmählich zu einem romantischen Gartenkunstwerk geformt. Es entstand zuerst eine kleine Einsiedelei, das „Luisenkloster" mit dem sogenannten Borkenhäuschen. Jenes herzogliche Sommerrefugium ist als Rekonstruktion erhalten geblieben. Im

◄ Park an der Ilm mit Römischem Haus

Borkenhäuschen

Ochsenauge

Goethes Gartenhaus

Laufe der Jahre kamen eine künstliche Ruine, die Felsentreppe, Grotten, etliche Skulpturen und Gedenksteine, das Tempelherren- sowie das Römische Haus hinzu. Die idyllischen Einzelbilder gingen bald in einer an der Natur orientierten, großflächigen Parkanlage auf. Deren Bepflanzung, einschließlich der verführerischen Sichtachsen, schreiben ortskundige Naturliebhaber vor allem Goethes Einfluss und botanischem Interesse zu.
Flaneure finden hier reichlich Platz, wenn sie die Morgenstunden für einen Rundgang wählen. Unter den Kronen alter Bäume öffnen sich ihnen Ausblicke über taubenetzte Wiesen, auf vergehende Nebelstreifen am Fluss und Brücken, die das dunkle Wasser spiegelt. Ein kleines orangefarbenes Kehrfahrzeug raschelt auf dem Kies der absichtsvoll gewundenen Pfade. Und die Frühaufsteher unter den Musikstudenten tragen die schwarzen Instrumentenkoffer an der Läutraquelle und dem im Morgenlicht funkelnden Rund des Ochsenauges vorbei, hin zu ihrer Hochschule inmitten der Schlösser Weimars.

Leutratal (N 50° 52' 10.7" E 11° 33' 58.0")

Eine träumerische Stille liegt über dem vor wenigen Jahren noch vom Lärm einer Autobahn erfüllten Tal der Leutra. Süßgräser und Kamillen wachsen als Pionierpflanzen auf der frisch renaturierten Fläche. Die steilen Muschelkalkhänge und Hochflächen sind ein geschütztes Refugium seltener Tiere und Pflanzen. Seine Orchideenvielfalt macht es über thüringische Landesgrenzen hinaus bekannt und zu einem verlockenden Ausflugsziel.

In Leutra, einem Ortsteil von Jena, kann die Wandertour mit Hut, Fernglas, Lupe und etwas Proviant im Rucksack beginnen, die romanische Wehrkirche Sankt Nikolaus beachtend, insbesondere das Elfpassfenster an der Ostseite des Turms und die Dämonenfigur am Langhaus. Der wenige Meter entfernte Leutrabach mündet nach drei Kilometern in die Saale.

Im Mai, wenn die Zauneidechsen ihren Paarungsmarsch absolvieren, und das Männchen, erkennbar an den leuchtend grünen Flanken, das vorangehende Weibchen mit Bissen in die Hinterbeine zur Hochzeit überredet, stehen die Chancen gut, einen großen Teil des ganz speziellen Blütenreichtums zu erleben. An offenen Flächen, gleich am Wegrand, steht die seltene Bocksriemenzunge. Bei einer Höhe bis zu 80 Zentimetern trägt ihre struppig wirkende Ähre etwa hundert weiße bis hellgrüne und rot gepunktete Blüten. Die langen korkenzieherartigen Lippen, die sogenannten Riemenzungen, machen sie unverwechselbar.

Die Korallenwurz, eine eher unauffällige Pflanze mit Schuppenblättern am Stängel und kleinen Blüten, lebt im Orchideenbuchenwald. Das zauberhafte Rote Waldvögelein entfaltet neben dem Wanderpfad seine rosenrote bis purpurne Ähre. Ganz in der Nähe im Halbschatten, sonderbar keck mit seinen schräg aufwärts strebenden Blüten, steht das Weiße Waldvögelein.

Am südlich des Leutrabachs gelegenen Muschelkalkhang, auf der Seite des Spitzenberges, öffnet sich der Blick in das Saaletal mit der Leuchtenburg auf einem fernen Gipfel. Auch nördlich der Leutra, vom Plateau des funkturmbestandenen Cospoth aus, wo im Morgendämmer

Laubhütte im Leutratal

Blick zu den Muschelkalkhängen

Streuobstwiese

Rehe grasen, ist die Burg am Horizont auszumachen. Wacholderdriften verbergen seltene Insekten, über den Streuobstwiesen hört man einige summen und brummen. Ein Klappern oder Schnarren ertönt aus dem Gras, das die Rotflügelige Schnarrschrecke mit ihren Hinterflügeln erzeugt. Immer wieder unterbricht die Betrachtung der Schmetterlinge das Gehen: Seltene Bläulingsarten landen neben bekannten Faltern auf den Blüten. Die Kupferglucke, die sich tagsüber als großes welkes Blatt tarnt und deren Eier wie weiß-grün gebänderte Porzellankugeln aussehen, fliegt in der Nacht.

Im Kiefernforst gedeiht der Frauenschuh. Der mit zwei weißen Punkten auf den grünen Flügeldecken, kupferroten Fühlern und Beinen auffällige Feldsandläufer durchquert regelmäßig das Muschelkalkareal. Er ist der Sprintspezialist im Tal. Zehn bis 15 Millimeter groß, erkennt man den Laufkäfer zumeist erst, wenn er einige Meter weit fliegt oder auf dem Wanderschuh landet. Nur kurz währt das Verschnaufen, ehe er wieder losrennt. Seine großen Facettenaugen nützen ihm nichts, wenn er in Höchstgeschwindigkeit seine Beute verfolgt. Das Sehen übernehmen dann die das Gelände abtastenden Antennen.

Dornburger Schlösser (N 51° 00' 21.0" E 11° 39' 57.3")

Etwa 100 Meter steigt der Dornburger Berg neben der Saale empor und trägt wie kleine Kronen drei verschiedenfarbige Schlösser. Ihre kunstvoll gestaltete Umgebung und jene seltene Intimität, die von ihnen ausgeht, zieht seit Jahrhunderten Menschen an. Die Namen der Bauten verweisen auf deren Entstehungszeit: das Alte Schloss, das Renaissanceschloss, das Rokokoschloss. Und die dazugehörigen Parkanlagen im französischen und englischen Stil sind samt dem Weinberg am Steilhang die Zierde des wohl berühmtesten Landschaftsbalkons in Thüringen. Der Fluss funkelt im Tal. Leicht aufkommender Wind wiegt die Spalierrosen und das Weinlaub. Tief unten, bei Naschdorf, erblickt man den Bahnhof von Dornburg, wo gelegentlich Schnellzüge gen Norden oder Süden vorbeieilen. Das von ihnen erzeugte Fauchen dringt verhalten zu den

Renaissanceschloss mit Brunnen

leuchtend rot umblühten Laubengängen, gelben Malvenreihen sowie dem Obst- und Grasegarten.

Gästen, die eine Pforte der Umgebungsmauer nutzen, um das Parkterrain zu erkunden, zeigt sich nach einigen Treppenstufen abwärts das weiße Renaissanceschloss. Zwischen 1539 und 1547 als Herrenhaus eines von Steuern und anderen Pflichten befreiten Hofes erbaut, kam es Anfang des 19. Jahrhunderts in den Besitz der Großherzöge von Sachsen-Weimar-Eisenach. Der Volksmund nennt das Gebäude auch „Goethe-Schloss", weil der Weimarer Minister und Geheime Rat Johann Wolfgang von Goethe darin 1828 mehrere Monate logierte. Seine Dornburger Gedichte bewegen bis heute. Und wer den Versen vor Ort nachspürt, wird entdecken, wie gegenwärtig sie noch sind. Zum Beispiel die Schilderung eines Septembertages, dessen Sturmböen das Saaletal plötzlich aufhellen und dem Dichter unerwartet weite Aussicht gewähren.

Wahrscheinlich ist Wind in allen Erscheinungsweisen der häufigste Besucher am Rand des Dornburger Muschelkalkplateaus. Er drängt

Rokokoschloss und Weinberg ▶

Park vor dem Rokokoschloss

Garten im französischen Stil

Blumengesäumter Weg zum Alten Schloss

die Wolken weiter, erfrischt während heißer Tage und bläst die staubreiche Last der Erntezeit aus dem Talgrund. Ihm folgen die Mauersegler ebenso wie die Turmfalken bei ihren akrobatischen Flugmanövern. Die Bienen und Schmetterlinge trägt er von Blüte zu Blüte. Selbst das 1741 fertiggestellte farbenfrohe Rokokoschloss im Zentrum der großherzoglichen Sommerresidenz scheint mit ihm vertraut. Die vielen Schwünge im Fassadenschmuck, der Treppenaufgang ins vermeintlich einstöckige Belvedere, dessen verwegene Dreigeschossigkeit zur Talseite und die abwechslungsreiche Dachform wirken, als wäre der Architekt vom Wirbel der Luftströmungen inspiriert worden.

Den wuchtigsten Akzent und nördlichen Abschluss der Parkflächen bildet das taubengraue Alte Schloss. Es entstand als Nachfolger einer mittelalterlichen Burg, die im Thüringer Grafenkrieg 1451 starke Beschädigungen erlitt. Ihre fürstlichen Eigentümer ließen um den erhalten gebliebenen Wohnturm und Burgfried das dreiflügelige Schloss errichten. Seither verblüffen die prächtigen Holzdecken der großen Räume, Ritter- und Kaisersaal geheißen, den Betrachter, bevor Licht und Blumenduft ihn zurück ins Freie locken.

Geraer Höhler (N 50° 52' 38.7" E 12° 05' 10.1")

Im 16. Jahrhundert, als niedrigprozentiges Bier ein beliebtes Grundnahrungsmittel war, begannen von den Erzbergwerken der Region freigesetzte Bergleute ihre Arbeit im Untergrund der Stadt Gera. Mit Spitzhacke, Schlägel und Bergeisen lösten sie den Kalkstein und schufen die Höhler genannten Lagerräume für die brauberechtigten Bürger.
Das Stadtrecht von 1487 erlaubte jedem, der Hauseigentum besaß, die Bierherstellung. Im Jahr 1656, der das Land verheerende Dreißigjährige Krieg war acht Jahre zuvor zu Ende gegangen, zählte Gera zweieinhalbtausend Einwohner und neunundneunzig Häuser mit Brauerlaubnis. Der Bierverbrauch von 560 Litern pro Kopf in jenem Jahr lässt vermuten, dass das Gebräu auch über die Stadtgrenze hinaus in die Vororte verkauft wurde. Selbst in der Bannmeile, wo es verboten war, Bier zu brauen, fand das Getränk Absatz. Knapp 200 Jahre später verfügten bereits 221 Geraer Häuser über das Brau- und Schankrecht.
Bei acht bis zwölf Grad Celsius Höhlertemperatur reifte das Gebräu. Bierlagerkeller kannten viele mitteldeutsche Städte: Altenburg, Glauchau, Zeitz – um nur einige zu nennen. Jedoch blieb das Geraer Beispiel in seiner Expansionsfreude unübertroffen. Etwa 230 Höhler legten die Bergleute unterhalb der Keller der Altstadthäuser an. Die Grundstücksgrenzen galten zwar auch unter Tage, wurden aber gern überschritten. Das Tonnengewölbe war die bevorzugte Bauform. Viele Wirtschaftskeller mauerte man mit Ziegelsteinen aus, andere zeigen die Sedimente, deren annähernd horizontale Schichtung für den Bau genutzt wurde und zuweilen den Besucher in leichte Schräglage bringt. In einer Tiefe von drei bis elf Metern ab Erdoberfläche lagerten die Bierfässer, später andere Güter aus der Landwirtschaft. Die Gesamtlänge der Gänge wird auf neun Kilometer geschätzt. Eine Abluftanlage sorgte für

Ausgemauerter Gang der Geraer Höhler

Durchs Sedimentgestein getriebener Gangabschnitt

Treppenaufgang

Bewetterung. Der Sauerstoffgehalt der Luft war an der Flamme der Öllampe oder Kerze zu prüfen. Den Keller hinzugezählt, besaß ein Haus nicht selten drei unterirdische Ebenen.
Am Nicolaiberg 3, neben dem Museum für Naturkunde, beginnt der Weg durch zehn zugängliche Höhler. Der 250 Meter lange Erkundungspfad unterquert die Salvatorkirche und verläuft entlang des Steinwegs bis zum Haus Nummer 20. Wie einst der Brauberechtigte oder der Schankjunge für die Kunden sowie Gäste im Wirtshaus steigt man eine steile Treppe mit siebzehn Stufen hinab, die den Eingang zu einer anderen Welt eröffnet. In den Geleuchtnischen flackern keine Lampen oder Kerzen mehr. Matt und einen Dämmerzustand erzeugend, fällt elektrisches Licht von oben in die schmalen, labyrinthischen Gänge. Die Verbundenheit der Bierkeller miteinander ist eine Neuerung. Ursprünglich war jeder Höhler separat und allein vom Hauskeller her erreichbar. Manche besaßen einen falltürartigen Treppenzugang. Die schweren Fässer wurden über eine leiterähnliche Vorrichtung an Seilen hinabgesenkt. Und das Bierholen erfolgte mit Eimer, Krug oder einer 2,5 Liter fassenden Schankkanne aus Holz und Kupfer.

Osterburg Weida (N 50° 46' 25.9" E 12° 03' 29.7")

Im Achteck des Turmes der Osterburg fließt ein farbiger Bilderfries entgegengesetzt dem Uhrzeigersinn über das alte Gemäuer. Aus der Perspektive eines Falken, dessen Flug in der Stammburg der Weidaer Vögte beginnt, erkunden die Zuschauer dank des 360-Grad-Filmpanoramas vogtländische Territorien.
Das „Feste Haus zu Weida“ wurde die im 12. Jahrhundert errichtete Wehranlage auf dem Felssporn zwischen den Wasserläufen Auma und Weida genannt. Hier beginnt die Geschichte der Vögte, an die heute noch die Bezeichnung Vogtland erinnert. Zu ihrem Herrschaftsgebiet gehörten Gera, Plauen, Greiz, Burgk, Hof und Eger, das heutige Cheb in Tschechien.

Osterburg

Neues Schloss

Der Bergfried erhielt während des 14. Jahrhunderts einen 17 Meter hohen, steinernen Aufsatz und demonstrierte weithin sichtbar die Macht der Weidaer Herren. Doch schon 1427, nach Kriegen und Familienstreitigkeiten, ging die Stammfestung der Vögte mit einigen Ländereien an den Markgrafen von Meißen und blieb bis 1918 Wettinischer Besitz.
Die Osterburg nimmt man am besten von der Paulinenhöhe nach einem kurzen Waldspaziergang in Augenschein, bevor man das Tor zum Innenhof durchschreitet und das hufeisenförmige Bauensemble auf sich wirken lässt: den 54 Meter hohen Turm der Vögte und die Schlösser der Wettiner gegenüber den Wirtschaftsgebäuden.
Der dreifach zinnenbekränzte Bergfried, einer der größten bundesweit, über dessen zweiten Zinnenkranz die bis 1917 bewohnte Türmerstube liegt, gibt der Burg ihre unverwechselbare Silhouette. Den nördlichen Abschluss der Anlage bildet der Mittelalterliche Wurzgarten, wo hinter

Mittelalterlicher Wurzgarten

dem alten Ziehbrunnen auf Hochbeeten duftende Erdbeeren und Kräuter wachsen. Ein „Eiszeitstein“ markiert einen Grenzpunkt der einstmals von Skandinavien bis nach Mitteldeutschland reichenden Eismassen. Keinen Gedanken an Kälte weckt der im Süden gelegene Höfische Lustgarten mit seinen Weinstöcken und Rosen.

Im ummauerten Gefängnisgarten, der als Freigangareal von Inhaftierten genutzt wurde, lauscht gelegentlich die Amsel vom Ahornbaum den Sommerkonzerten. Viele Hochzeitspaare wählen ausgerechnet diesen Ort für Fotoaufnahmen und verweilen an jener kleinen Pforte, hinter der ein Pfad zum Lustgarten führt.

Die letzte Hinrichtung innerhalb der Stadtmauern fand 1833 statt. Es heißt, das Militär habe nur mit größter Mühe den wegen Mordes an einer Frau und einem Mädchen Verurteilten vor der aufgebrachten Menge schützen können. In das 2500 Einwohner zählende Weida waren 20000 Schaulustige geströmt, um dem Vollzug des Urteils durch den Scharfrichter beizuwohnen.

Mancher Besucher verspürt nach Besichtigung der Kerkerzelle und dem Hörbeispiel des Hochnothpeinlichen Halsgerichts im Alten Schloss

Höfischer Lustgarten mit Weinstöcken und Rosen

eine Verspannung im Nacken. Im Remisegebäude gegenüber hat sich eine Menschentraube um die Atomzeituhr gebildet. In zwei Millionen Jahren wurde ihr nach einem Rechenbeispiel eine Zeitabweichung von einer Sekunde eingeräumt. Sie war ein Geheimprojekt der DDR und steht schon lange still.

Tausendjährige Eiche von Nöbdenitz (N 50° 52' 25.2" E 12° 16' 52.9")

An der Dorfstraße, im Zentrum von Nöbdenitz, empfängt eine uralte Bewohnerin des Ortes ihre Freunde und Bewunderer. Sie treffen scharenweise ein, um die knapp 14 Meter hohe Stieleiche zu sehen und vor dem mächtigen, ausgehöhlten Stamm zu verweilen. Die Krone riss 1819 ein Gewittersturm fort und nur wenige Äste blieben erhalten. Der Umfang des Rumpfes misst in Bodennähe über zwölfeinhalb Meter. Massive Metallstützen und -bänder halten die wohl Tausendjährige fest. Ein halbhoher Zaun schützt sie vor Zudringlichkeit.

Detail der Eiche mit Stahlbändern und-seilen

Bereits 1598 vermerkte der Nöbdenitzer Pfarrer im Kirchenbuch: „Ein hohler Eichenbaum, stammet noch aus heidnischer Zeit." Damals Eigentum der Kirchengemeinde, wurde die Eiche später vom herzoglichen Minister und Geheimen Rat Hans Wilhelm von Thümmel erworben, um an ihrer Wurzel sein Grab einrichten zu lassen. Es heißt, dass ein Streit mit seiner Frau Charlotte dafür den Grund gab. Sie soll ihm die ruinösen Ausgaben für seine romantischen Gartenprojekte vorgehalten und ausgerufen haben, dass er ohne Heirat nicht einmal genügend Land besäße, um anständig begraben zu werden.

Allerdings verdankte das Herzogtum Sachsen-Gotha-Altenburg Thümmel mehr als die Parkgestaltungen in Altenburg, Nöbdenitz und Untschen. Auf ihn geht eine genaue Vermessung und Kartierung des Gebietes sowie die Gründung von Armen- und Krankenhäusern oder der Kammerleihbank zurück. Nach seinem Tod am 1. März 1824 wurde er in die Gruft unter der Eiche gelegt und die Ruhestätte mit drei Steinplatten verschlossen. Eine Bank im Stamminneren bot seither Platz für Andacht und Gedenken.

◀ Tausendjährige Eiche von Nöbdenitz

Detail der Eiche mit Durchblick

Von seinem Freundeskreis 2014 vor der Fällung bewahrt, belebt der Baumtorso besonders im Nachmittagslicht die Vorstellungskraft. Silber-, Kupfer- und Messingtöne glimmen auf der Rinde. Zwischen den Rissen, Bruchstellen und Verwachsungen wähnt man, metallischen Schimmer wahrzunehmen. Als würde ein längst vergessener Harnisch sichtbar und der so Gerüstete könnte jählings zu einem Abenteuer aufbrechen. Allein die um ihn geschlungenen eisernen Bande halten ihn fest. Und er bleibt unbeweglich – bis das Fantasiebild vergeht und ein wenig rostrotes Holzmehl herabrieselt.

Schlosspark Altenburg (N 50° 59' 20.2" E 12° 26' 37.6")

In feinen Schwüngen führt die Parklandschaft hinter dem Altenburger Schloss talwärts, als wären die Wiesen- und Waldflächen den weichen

Schlosspark Altenburg mit Orangerie

Bewegungen eines Dirigenten unterworfen. Baumriesen erinnern an dunkle, raumfüllende Klangfiguren. Üppig erblühte Kirsch- oder Magnoliengewächse besitzen dagegen etwas Lichtes und rufen im Zusammenspiel reizvoll hohe Töne ins Gedächtnis.

Auf der sogenannten Leiste angelegt, zwischen Residenz und Marstall, wurde der Schlosspark wiederholt erweitert, ohne den alten Baumbestand zu gefährden. Ende des 16. Jahrhunderts gab es hier bereits die herzoglichen Gemüsebeete, Obstparzellen sowie ein der fürstlichen Zerstreuung vorbehaltenes Refugium, nach dem Vorbild italienischer Renaissancegärten gestaltet, mit Labyrinth und Wasserspielen.

In der Zeit des Barocks wurde daraus ein Areal für prachtvolle Feste und besondere Ereignisse des Hofzeremoniells. Das vorhandene Ballhaus ließ Herzog Friedrich II. von Sachsen-Gotha-Altenburg zu einem Theater umbauen. Das heutige Teehaus entstand als „neues Lusthaus", ebenso die Orangerie, wo die begehrten, empfindlichen Zitrusbäume, Kaffee- und Lorbeerpflanzen während der kalten Jahreszeiten Schutz fanden.

Verschlungene Pfade geben mehr Weite

Schlossansicht

Magnolienblüte

Die Umgestaltung der barocken Anlagen ab 1787 ging von dem herzoglichen Kammerpräsidenten und Geheimen Rat Hans Wilhelm von Thümmel aus. Er empfahl eine naturnahe Erweiterung im Sinne der englischen Gartenarchitektur. Und unter dem Einfluss des Direktors der königlich-preußischen Gärten Peter Joseph Lenné gewann zwischen 1827 und 1839 der Park in Altenburg schließlich seine gegenwärtige Form.
Ihn prägen Strauch- und Baumgruppen, die wohlbedachte Sichtachsen eröffnen. Verschlungene Pfade durchziehen das Terrain und geben mehr Weite. Im April sucht man den Park auf, um am Wiesenschaumkraut den Aurorafalter zu entdecken. Das Männchen trägt ein weißes Kleid mit orange-rot gefärbten Flügelspitzen.
Familien spazieren zum Pauritzer Teich unterhalb des Schlossbergs. Nicht zu verfehlen ist das Lindenau-Museum. Es beherbergt die Sammlung des Bernhard August von Lindenau und wird wegen seiner Kostbarkeiten von Kunstliebhabern aus aller Welt geschätzt und gern besucht.

Schömbachtalsperre und Leinawald (N 50° 59' 25.7" E 12° 33' 52.4")

Zwölf Kilometer östlich von Altenburg geschehen wundersame Dinge: Die Wiera fließt auf der Thüringer Seite in den Schömbacher Stausee hinein und kommt am sächsischen Talsperrenrand als Wyhra wieder heraus. Im Frühjahr dringt vom Schilfgürtel das Geräusch eines brüllenden Ochsen herüber. Es ist das Männchen der seltenen Rohrdommel, das auf so verwegene Weise um ein Weibchen wirbt.

Jugendliche nutzen gern den Pavillon am Westpunkt der Staumauer. Das klare Wasser spiegelt einen im niedrigen Suchflug jagenden Seeadler. Er unterscheidet sich von anderen Greifvögeln durch einen mächtigen blassgelben Schnabel, dunkelbraune Hosen und den weißen keilförmigen Schwanz. Mit einer Flügelspannweite von zweieinhalb Metern zieht er alle Aufmerksamkeit an. Die Verbindung von fischreichem Gewässer und alten Gehölzen verleitete ihn dazu, hoch oben in einer Baumkrone des Leinawaldes seinen zwei Meter Durchmesser großen Horst zu bauen.

Vornehmlich Stieleichen und Linden wachsen in dem 1 837 Hektar umfassenden Naturschutzgebiet, das in zwei Forstreviere aufgeteilt ist, das thüringische und das sächsische. Die Fichte, jene den Thüringer Wald dominierende Baumart, findet nur geringe Verbreitung. Man geht im Schatten von Hainbuchen, Erlen, Weißtannen, Ulmen, Eschen und Weiden. Im Frühjahr locken Schneeglöckchen, Anemonen und die Bärlauchblüte Spaziergänger ins Unterholz. Und wenn auf der Forsthauswiese, wo von 1770 bis 1973 ein ansehnliches Forsthaus stand, der Große Wiesenknopf dunkelrot blüht, atmen die Schmetterlingsfreunde auf. Denn der landesweit gefährdete Dunkle Wiesenknopf-Ameisenbläuling ist an die ebenfalls rare Pflanze gebunden. Durch ein Fernglas wird der scheue Falter, der trickreich – mit geschlossenen Flügeln unscheinbar zimtbraun – an einer Blüte saugt, am besten betrachtet. Die Flügeloberseiten des Männchens sind selten sichtbar. Doch beim Hochzeitstanz öffnet es sie und zeigt ihr gewittriges Blau. Gleichzeitig lässt sich, als wollte er ihm Konkurrenz machen, ein Großer Schillerfalter,

Alte Buchen im Leinawald ▶

Großer Schillerfalter

Fürstenteiche

der zu den größten europäischen Schmetterlingen zählt, ganz in der Nähe auf einem Zweig nieder und stellt zutraulich sein orange getupftes Königsblau zur Schau.

Verschwenderisch wirkt die Natur auch unterhalb der Fürstenquelle bei den Fürstenteichen, wo die Wettiner Landesherren gern verweilten. Für ihr Jagdvergnügen durchstreiften sie einst den Wald. Heute lädt ein Chor von Springfröschen zum Konzert. Und Kammmolche, jene mit ihren Rückenzacken wie kleine Drachen aussehende Schwanzlurche, folgen ruhig der Aufführung.

Die Rinnsale des Forstes nimmt ein Teichgrabensystem auf, das die Wasser über den Spannerbach der Pleiße zuführt. Anfang Juni ist der Wald vom Duft der Lindenblüten erfüllt. Es ist der Monat, in dem der Dreizehenspecht sein Trommeln einstellt, und wer, von der Straße weit entfernt, leises Motorengeräusch zu hören meint, hat mit einiger Wahrscheinlichkeit die Bettelrufe seines Nachwuchses vernommen.

An der Altmörbitzer Straße, etwa 50 Meter hinter einer Baumschranke, liegt der von alten Buchen umstandene Märchensee, den Seerosen schmücken. Es ist ein Vergnügen, ihn zu umrunden. Die Zeit hat die Spuren des bis 1927 betriebenen Steinbruchs verwischt. Quarzgestein war hier, wo nun die zerbrechlich wirkenden Armleuchteralgen siedeln, abgebaut worden.

Unvergessen sind die auch bei Altenburg wütenden Orkane: Januar 2007 Kyrill und im Januar 2018 Friederike. Trotz eines weinenden Auges wegen der verwüsteten Areale, lacht das zweite angesichts der natürlichen Schätze des Leinawaldes. Abenteurer verschwinden im Dickicht, um nach aufgegebenen Raketenstellungen oder dem Bernsteinzimmer zu suchen. Am Forstrand hatte die Sowjetarmee von 1945 bis 1992 den Flughafen Nobitz genutzt, woran heute ein Museum mit Kleinflugzeug und Schleudersitz erinnert. Naturfreunde suchen – weniger vergeblich – die Wunderblume, eine Pflanze, die in Thüringen nur hier gefunden wird. Gemeint ist die im Schlamm seichter Gewässer wurzelnde Wasserfeder, auch als Wasserprimel bekannt. Sie lebt zumeist untergetaucht, von Mai bis Juli hebt sie jedoch ihre weiße Blütenkrone weit über die Wasseroberfläche.

Quellenverzeichnis

Aichele, Dietmar/Golte-Bechtle, Marianne: Was blüht denn da? Stuttgart 1986.

Aichele, Dietmar/Schwegler, Heinz-Werner: Unsere Gräser, Stuttgart 2011.

Baade, Hartmut: Der Leinawald bei Altenburg. Geschichte, Forstwirtschaft, Flora und Waldvegetation, Altenburg 2012.

Bechstein, Ludwig: Thüringer Sagenbuch, Wien und Leipzig 1858.

Bellmann, Heiko: Der neue Kosmos Schmetterlingsführer: Schmetterlinge, Raupen und Futterpflanzen, Stuttgart 2009.

Dehio, Georg: Handbuch der deutschen Kunstdenkmäler Thüringen, Berlin/München 2003.

Greule, Albrecht: Deutsches Gewässernamenbuch, Berlin/Boston 2014.

Grimm, Jacob und Wilhelm: Deutsche Sagen, Frankfurt am Main 1994.

Schaefer, Matthias: Brohmer – Fauna von Deutschland, Wiebelsheim 2018.

Schulze-Thulin, Britta: Großsteingräber und Menhire, Halle 2011.

Vanhoefen, Antje: Thüringen, Halle 2012.

http://reussischefuerstenstrasse.de
https://books.google.de
https://creuzburg-online.de
https://juedisches-leben.erfurt.de
https://thueringen.nabu.de
www.1000jaehrigeeiche.de
www.alter-friedhof-buttstaedt.de
www.amrennsteig.de
www.biosphaerenreservat-rhoen.de
www.biosphaerenreservat-thueringerwald.de
www.blaues-band.de
www.breitungen.de
www.brotterode-trusetal.de
www.burgruine-hanstein.de
www.buttelstedt.de
www.denkmalschutz.de
www.dom-erfurt.de
www.dornburg-saale.de
www.eckermann.weblit.de
www.eisenach.info
www.feengrotten.de
www.gartenkultur-thueringen.de
www.gemeinde-burgk.de
www.gemeinde-muelverstedt.net
www.gemeinde-sonnenstein.de
www.geraer-hoehler.de
www.google.de/maps
www.grossbartloff.de
www.heiligenlexikon.de
www.jena.de
www.kirche-bibra.de
www.kirche-rohr.de
www.klassik-stiftung.de
www.kloster-goellingen.de
www.kraemerbruecke.de
www.land-der-tausend-teiche.de
www.lda-lsa.de
www.leuchtenburg.de
www.liboriuskapelle.de
www.literaturland-thueringen.de
www.mhl-museen.de
www.monumente-online.de
www.museumwilhelmsburg.de
www.museumsverband-thueringen.de
www.nationalpark-hainich.de
www.noebdenitz.de
www.oberhof.de
www.osterburg-vogtland.eu
www.paulinzella.de
www.plothen.de
www.rennsteig.de

www.schatzkammer-thueringen.de
www.schieferpark.de
www.schloss-breitungen.de
www.schloss-burgk.de
www.schmalkalden.com
www.schwarzer-crux.de
www.stadt-buttstaedt.de
www.steinsburgmuseum.de
www.teufelskanzel.de
www.thueringenforst.de
www.thueringer-schiefergebirge-obere-saale.de
www.thueringerschloesser.de
www.thueringer-wald.com
www.tlug-jena.de
www.unstrutradweg.de
www.vesser.de
www.vgem-greussen.de
www.wartburg.de
www.weida.de
www.weimar.de

Wikipedia. Die freie Enzyklopädie

Die Autoren und Fotografen

Ilona Traub studierte am Literaturinstitut Leipzig. Sie lebt und arbeitet als Autorin und Fotografin in Leipzig. Im Mitteldeutschen Verlag sind von ihr erschienen: „Magische Orte in Mitteldeutschland II. Zwischen Leipzig und Oberlausitz, Elbsandsteingebirge und Vogtland“ (2017).

Peter Traub studierte an der Hochschule für Schauspielkunst Berlin/Theater Bautzen und am Literaturinstitut Leipzig. Er lebt und arbeitet als Autor und Fotograf in Leipzig. Im Mitteldeutschen Verlag sind von ihm erschienen: „Ein Spaziergang an der Saale“ (Fotografie U. Jacobshagen, 2014), „World's Lost Places“ (2014), „Magische Orte in Mitteldeutschland. Zwischen Harz und Dessau, Altmark und Kyffhäuser“ (2016), „Leidenschaft und schöne Dinge. Handwerk in Sachsen-Anhalt“ (Fotografie U. Jacobshagen, 2016), „World's Lost Places II“ (2017) und „Magische Orte in Mitteldeutschland II. Zwischen Leipzig und Oberlausitz, Elbsandsteingebirge und Vogtland“ (2017).

Mit herzlichem Dank an alle Gesprächspartner, Einrichtungen und Institutionen für ihre freundliche Unterstützung.

Der Verlag und die Autoren freuen sich über Ihre Hinweise:
info@mitteldeutscherverlag.de

Gesamtherstellung: Mitteldeutscher Verlag, Halle (Saale)
Karten: Anneli Nau (www.nau-kartographik.de)

ISBN 978-3-96311-164-8

Printed in the EU